Recettes Angevines de nos Grands-Mères

Par Jean-Pierre Gourvest

ÉDITIONS
Reflets de Terroir
CPE

Site Internet : http://www.cpe-editions.com

MAINE-ET-LOIRE — Etude de Coiffes
La petite Marchande de crêmés
REPUBLIQUE FRANÇAISE
POSTES
5c

Préface

Moments délicieux

Il y a des moments dans la vie de chacun qui marquent le subconscient d'une manière indélébile. Des moments qui reviennent sans cesse. Des moments qui vous tirent un sourire ou une larme. Des moments d'une infinie simplicité, d'une infinie douceur qui feraient rire nos grands penseurs, nos éternels donneurs de leçons. Trésors cachés dans la mémoire, blottis au fond du cœur et qui aident à vieillir.

Et souvent ces instants de joie, de bonheur sont associés à une personne, une " grande " personne qui a marqué votre vie, celle qui a fait de votre enfance un bonbon au goût de miel, celle qui vous a permis de passer, sans trop de casse, du monde des gamins à celui des adultes : Grand-Mère, Mémère, Mamie...

Je me souviens des soirées de l'Avent, où mémère Nini, c'est la mienne, me récitait la prière au Petit Jésus (je suppose que la grand-mère de Rachid la dédiait à Mahomet et celle de Samuel à Abraham) :

"*Toi qui vis le jour, humblement, dans une étable, dans le creux chaud d'un nid de paille, entouré de ta mère, de ton père, d'un âne et d'un bœuf, donne-nous les vertus de ceux qui sont pauvres d'argent mais riches d'amour, simples mais respectueux des autres, fidèles dans leur croyance comme dans leurs racines mais tolérants dans leurs actes.*

Fais nous philosophe comme le pêcheur ou le vieillard, insouciant comme le musicien ou l'enfant, joyeux de découvrir le monde comme le simplet, vif au travail comme le moissonneur, patient comme l'artisan, brave comme l'âne et fort comme le bœuf qui te réchauffent.

Donne-nous aussi le goût des choses de la terre, l'orgueil du forgeron ou de la brodeuse, la chanson du poète, le courage du samaritain.

Offre-nous la science des savants et l'habileté du magicien, la gaieté du pinson et la pétulance du coq, la prudence de la tortue et la douceur de l'agneau,

Partage-nous la saveur du bon pain, le goût d'un fruit juteux, le sel de la mer, la bonne humeur du jus de la vigne, la pureté de l'eau claire, la flamme du foyer, le sourire de l'ange, le plaisir de l'amour. "

Gérard Bardon

Sommaire

Grand-Mère et ses recettes de tradition

L'Anjou, sa table et son histoire

Voisine de la Touraine, la province Angevine se compose des Mauges, du Segréen, du Beaugeois, du Saumurois et de la Vallée de la Loire. Ces régions riches en forêts et en cours d'eau, peu montagneuses (pic cumulant 210 mètres) sont depuis toujours terres de chasse, de pêche et de récolte.

Les jardins y prolifèrent, encouragés par la fameuse douceur climatique chère à Joachim du Bellay, poète inspiré de La Pléiade, qui en fut le parangon.

La vigne en est une des toutes premières richesses, plantée entre forêts, bocages et rivières, bordée de bâtisses faites d'ardoises et de tuffeau. Elle n'est pas la seule, la région dévoilant de nombreux secrets liquides ou solides, tels le Cointreau et les champignons de couche.

Il y a trente millions d'années, la mer recouvrait l'Anjou, arrivant jusqu'à Blois, pour laisser

Escargots au vin rouge de Loire

Pour 4 douzaines d'escargots

100 g de saindoux
3 oignons
6 gousses d'ail
150 g de lard maigre
100 g de jambon cru
2 petits poivrons rouges
70 g de farine
1 litre 1/2 de vin rouge Saumur-Champigny
2 cuillères de purée de tomates
350 g de champignons de Paris
bouquet garni, sel, poivre
vinaigre, kirsh, beurre
50 g de noix décortiquées

Préparez les escargots, sans les décoquiller.

Coupez fin les oignons, l'ail, le jambon, les poivrons, le lard.

Dans une cocotte en fonte, faites fondre le saindoux

Y faire revenir longuement les ingrédients ci-dessus avec les escargots entiers

Saupoudrez de farine, mélangez doucement.

Mouiller avec le Saumur Champigny. Ajoutez la purée de tomates, le bouquet garni, du sel, du poivre

Couvrez, laissez mijoter durant 1h30.

Dix minutes avant la fin de la cuisson, faites revenir dans une poêle vos champignons coupés, puis les incorporer dans le civet

Pillez les noix, mélangez les avec du beurre,

Retirez la cocotte du feu,

Mélangez au civet 2 cuillères à soupe de kirsh, le beurre et les noix, 1 cuillère à soupe de vinaigre,

Laisses mijoter encore un peu, servez avec du persil frais haché dessus

ANGERS. – Place du Champ-de-Mars et

ensuite sédiments et alluvions qui allaient enrichir le sol, avant que ce dernier ne soit foulé par les hommes. Angers en devint rapidement la capitale, présente dès Jules César au cours du 1er siècle avant JC, sous le nom de « citivas andegavincis », - du nom de ses habitants les Andécaves - devant son essor à sa situation géographique au confluent de trois rivières.

Fief de princes et de rois, l'Anjou ressemble à un vaste parc, un immense jardin, qui inspira Georges Clemenceau qui disait que « c'est ici que la France est le plus profondément la France ».

du Palais, un jour de Marché

Les produits et spécialités d'ici

Les Rillauds

Rillons en Sarthe, Grillons en Vendée, ce sont des morceaux de poitrine de porc, salés ou non, cuits et confits dans la graisse qui peuvent se manger aussi bien froids que grillés.

On ne peut pas faire plus simple ni plus délicieux : les rillauds sont le plat le plus célèbre de l'Anjou, et les grands-mères ne se sont jamais privées d'en cuisiner, pour le plaisir de toute leur famille. On les mange en casse croûte ou en apéritif, profitant de leur fondant et de leur moelleux. Et on oublie son régime.

Cul de veau à l'angevine

C'est une recette simple à réaliser,
emblématique de l'Anjou,
que les grands-mères connaissent bien.
Beaucoup l'améliorent à leur façon ajoutant
des ingrédients de leur choix.
C'est aussi un des plats les plus délicieux
qui soient, qu'appréciait fort en son temps
Curnonsky en personne.

Pour 6 personnes

2 kg de veau dans le quasi (voir boucher)
125 g de lard demi-sel
125 g de jambon cru
125 g de beurre
100 g d'oignons émincés
100 g de carottes coupées en rondelles
1 bouquet garni
3 verres de vin blanc sec
500 g de champignons de Paris
3 œufs, 1/4 de crème épaisse
quelques feuilles d'estragon, le jus d'un citron
du romarin
bouillon de bœuf en tablette, farine

Préparez votre morceau de veau en la salant, le poivrant, et avec un peu de romarin.

Dans une cocotte, et dans le beurre, faites revenir le lard et le jambon coupés en dés.

Une fois revenus, réservez-les, puis placez le morceau de veau dans la cocotte.

Faites revenir et dorer le veau sur toutes ses faces

Ajoutez les oignons émincés, les carottes en rondelles, le bouquet garni.

Saupoudrez de farine, remuez, mouillez avec les 3 verres de vin.

Ajoutez 3 verres de bouillon de bœuf.

Couvrez, laissez cuire à feu doux 2 h 1/2 en retournant la viande de temps en temps.

A la fin des 2 heures 1/2 ajoutez lardons et jambon.

Assaisonnez, et ajoutez quelques feuilles d'estragon, ainsi que les 500 g de champignons émincés.

Laissez mijoter encore une heure.

Cassez trois œufs, et délayer les jaunes avec la crème.

Ajoutez cette sauce au plat, en remuant, sans faire bouillir.

Terminez en ajoutant le jus du citron.

Les Rillauds ou rillons

Pour 1 kg de poitrine de porc maigre fraîche:
du gros sel, du poivre noir concassé
400 g de saindoux
sel fin et poivre noir au moulin

Découpez la poitrine en rillauds: cubes de 5 cm de côté environ, puis mettez les dans une terrine.

Dans un bol, mélangez deux belles cuillères à soupe de gros sel et 1 de poivre concassé. Ajoutez ce mélange aux rillauds, en mélangeant bien, puis laissez reposer 4 heures au frais.

Faites fondre le saindoux dans une cocotte à feu modéré. Lorsque la graisse est bien fondue, posez les rillauds dans la cocotte, en les tournant pour qu'ils s'imbibent sur toutes leurs faces. Faites cuire le tout à feu doux durant 2 heures en surveillant la couleur. Les rillauds doivent être dorés mais pas calcinés, et rester tendre quand on les pique à la fourchette.

Egouttez les rillauds sur une passoire, puis sur du papier absorbant, avant de les poudrer de sel fin et de poivre au moulin. Les rillauds se servent froids.

Rillauds d'Anjou de Cécile

Mamie Cécile élève ses petits enfants
dans les faubourgs de Cholet. Les Rilllauds,
elle connaît depuis son enfance, ayant appris
à les faire en compagnie de sa mère,
mais son frère qui péchait les grenouilles dans
les mares alentour lui donna un jour une bonne
idée: et si on faisait de la bouilleture
avec tes rillauds?

Une vingtaine de cuisses de grenouilles
Six beaux rillauds, 1 chou frisé
300 g de beurre, vinaigre balsamique
Sel, poivre

Cuire le chou dans l'eau salé, après avoir retiré les feuilles vertes. Mixer ce chou cuit et égoutté avec les 3/4 du beurre, assaisonnez, mettez au chaud. Coupez les rillauds en petits dés, puis faites les sauter à la poêle avant de les réserver au chaud. Dans la graisse de cuisson des rillauds, faites sauter les cuisses de grenouille, puis réservez les au chaud. Dans une large poêle mettez la graisse restante de ces cuissons, puis ajoutez 15 cl de vinaigre balsamique que vous ferez réduire. Une fois réduit aux 3/4 délayez avec le reste de beurre. Sur un plat creux, disposez les choux, les rillauds et cuisses de grenouille autour, nappez avec la sauce. Servez avec un rouge d'Anjou.

Les Rillettes

Charcuterie typique des pays de Loire, les rillettes sont réputées à Tours et au Mans.

Mais en Anjou, province intermédiaire entre Touraine et Maine, les grands-mères ne se sont jamais gênées pour les préparer à leur façon, en tenant compte des impératifs de base – matière première, cuisson, gestion des graisses – qui en font depuis le XVe siècle une gourmandise à nulle autre pareille. Honoré de Balzac, Tourangeau d'origine, les comparaît en son temps à des confitures.

Les rillettes d'Anjou

2/3 d'estomac de porc,
d'épaule, de cou
1/3 de lard et de graisse
Sel, poivre
Oignons
Fines herbes
Clous de girofle

Débarrassez le lard de sa couenne et coupez-le en petits dés. Faites chauffer la graisse dans la cocotte, puis y faire fondre le lard.

Ajoutez la viande coupée en morceaux.

Remuez constamment, tout en amenant la graisse à ébullition. Faites cuire 30 minutes en remuant

Versez un peu d'eau sur le tout, couvrir, laisser cuire à feu doux 5 heures.

Ajoutez sel, poivre, oignons émincés, herbes, girofle, laisser une heure de plus sur le feu.

Versez le contenu de la cocotte dans une grande passoire, pour recueillir le jus de cuisson tout en laissant la viande refroidir.

Posez la viande sur une grande plaque pour finir de trier petits os, tendons, etc. Remettez la viande dans la cocotte, en incorporant le jus de viande, puis rallumer le feu et remuer doucement

Ajoutez de la graisse de porc fondue en remuant, jusqu'à former un mélange équilibré. Rectifier l'assaisonnement.

Plongez la cocotte dans l'eau froide, tout en remuant pour éviter que la graisse ne se dépose au fond.

Dès que le mélange commence à épaissir, versez-le dans des verrines et mettez au frais.

Dégustez sur du pain grillé, accompagnées d'un blanc sec de Vouvray.

Les trucs de Grand-mère pour faire de bonnes rillettes :

Bien choisir sa viande. Elle doit venir d'animaux engraissés correctement, l'idéal étant les jeunes truies. Prendre une belle cocotte de fonte pour la cuisson. Bien trier sa viande pour retirer le maximum d'os.

Ne jamais les servir froides, mais à température ambiante.

La fouée

Qu'est-ce que la Fouée? D'après François Rabelais, qui s'y connaissait en choses gustatives, et qui la célébra dans son œuvre « Gargantua », elle trouve sa patrie en Touraine, dans le petit village de Lemé, fabriquée par des « Fouaciers ». Il s'agit d'une galette de froment, non levée et cuite au four. En fait, la recette peut varier sensiblement de régions en famille, sous le nom de « fouace » tiré vraisemblablement du mot « focus » qui signifie foyer en français.

Dans le Saumurois, donc en Anjou, elle reste « fouée », se présentant sous forme de petits pains creux, que l'on ouvre tous fumants, pour les garnir de haricots, de rillettes, de beurre, ou de fromage de chèvre. Jadis, chaque

Salade aux lardons et aux noix d'Anjou

Pour ce plat,
très répandu en région Angevine, grand-mère
choisit une belle laitue bien pommée.
Elle y ajoute :

100 g de fromage à pâte cuite
100 g de poitrine de porc fumée
50 g de noix d'Anjou

une vinaigrette :

Huile
Vinaigre
Citron
Poivre
Moutarde

Lavez la salade, avec un peu de vinaigre dans l'eau.

Coupez en gros dés le fromage et la poitrine de porc.

Epluchez vos noix, sortez les cerneaux, concassez-les

Préparez votre vinaigrette, moutarde, sel, poivre, vinaigre, huile, jus de citron.

Dans un grand saladier, versez la salade bien égouttée, puis les garnitures.

Assaisonnez avec la vinaigrette juste avant de servir.

Et dégustez avec un blanc sec de Loire.

de Clairet d'Anjou

1 litre de rosé d'Anjou
25 g de miel liquide
3 cuillères à soupe d'eau de rose
10 g de cannelle en poudre
50 g de gingembre en poudre
2 clous de girofle
8 gousses de cardamone

Faites macérer le tout durant 24 heures.

Filtrez ensuite, et servez très frais.

semaine, on faisait son pain lors d'une veillée, durant laquelle, en attendant que le four soit assez chaud, on préparait quelques fouées avec les restes de pâte. Elles étaient mangées sitôt cuites, avec rillettes ou mojettes (haricots).

« En fouôugnant aut'fais nous faisait l'pus souvent tchiques gâches à fouée, qué nous mangeait au thée toutes caudes » dit une vieille formule patoise. L'idéal est donc de la cuire

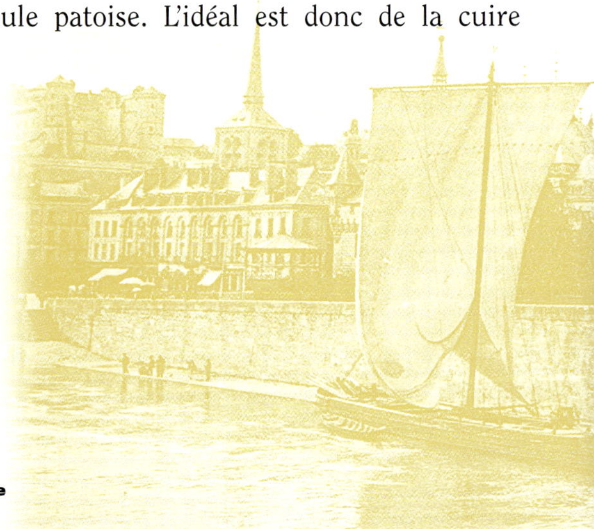

es Champs. - BÉGROLLES (Maine-et-Loire)

La gratinée à l'oignon

6 gros oignons blancs
1/2 baguette de pain
500 g de gruyère râpé
20 g de farine, 80 g de beurre
2 cuillères à soupe d'huile
1 litre de bouillon de volaille
sel, poivre

Pelez et émincez les oignons.

Faites fondre le beurre dans une sauteuse, ajoutez l'huile, laissez chauffer une minute.

Saisissez les oignons, puis baissez le feu, et laissez frissonner 15 minutes à feu doux.

Saupoudrez de farine, versez le bouillon, salez, poivrez

Laissez mijoter à feu doux durant 30 minutes en remuant de temps en temps.

Versez la soupe dans la soupière, placez sur le dessus des tranches de baguette que vous avez fait dorer au four, ajoutez une couche de gruyère bien épaisse.

Faites gratiner le tout sous le grill du four.

Servez brûlant.

dans un four à pain, car au fond, c'est bien de pain qu'il s'agit. Ensuite, l'accommodement devient l'affaire de chacun, entre salé, sucré, charcuterie, confiture ou fromage. Certains restaurants des environs d'Angers la proposent en plat principal, avec plusieurs accompagnements, sortie tout juste de la cuisson, donc encore très chaude comme il se doit.

La Soupe à l'oignon

Impossible d'écrire un livre de cuisine, surtout sur les grands-mères, sans faire mention d'une quelconque soupe à l'oignon.

Cette préparation, qui remonterait pour son invention aux alentours de l'an 1135 et ne connaît pas de régions.

En fait, elle serait d'origine parisienne, réalisée avec des fromages supportant le carré des Halles (gruyère, emmental) agrémentée de croûtons de baguettes de pain.

Elle est le symbole des nuits de fêtes réussies, et des virées nocturnes entre amis, mais aussi des petits matins de mariage et de toutes les agapes familiales tardives.

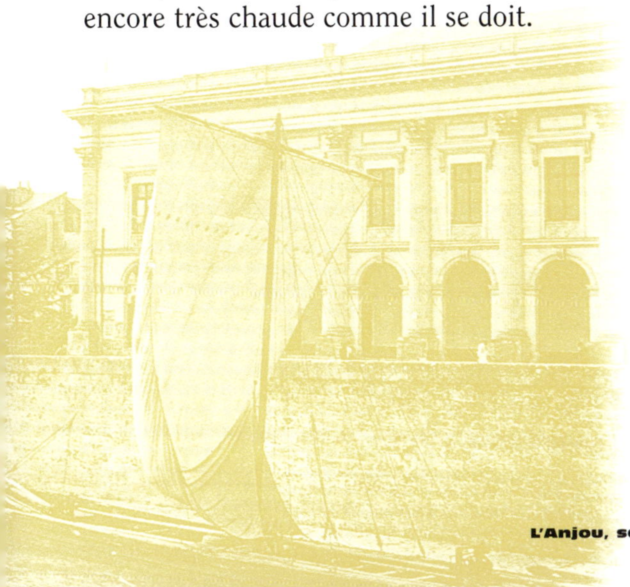

Gogues Angevines

4 oignons moyens
250 g de feuilles de bettes
250 g de feuilles d'épinards
250 g de laitue
250 g de lard gras
3 cuillères à soupe de saindoux
25 cl de sang de porc
Cannelle, quatre épices
10 cl de crème fraîche épaisse
Beurre
Sel, poivre
1 gros boyau de porc assez large

Préparez les légumes: oignons épluchés hachés, bettes, épinards, laitue lavées et hachées. Mélangez le tout, salez, poivrez, laissez reposer au frais durant la nuit.

Le lendemain, faites chauffer le saindoux dans une cocotte, y mettre le hachis de légumes. Faites cuire couvert à feu très doux quelques minutes, puis réservez dans une terrine.

Coupez le lard en dés, et faites le fondre à feu doux dans une poêle. Ajoutez le lard aux légumes en remuant, avec une pincée de cannelle et une de quatre épices.

Versez sur le tout le sang de porc, puis la crème fraîche, et mélangez bien. Versez toute cette farce dans le boyau de porc lavé qui aura été noué à un bout.

Tassez-bien. Tous les dix centimètres, tournez le boyau sur lui-même pour marquer les portions

Dans une grande marmite pleine d'eau bouillante salée, plongez les gogues. Laissez frémir durant 30 minutes, en piquant les gogues pour éviter qu'elles éclatent

Egouttez les gogues, laissez-les refroidir, puis mettez-les au frigo.

Quant à grand-mère, inutile de le préciser, la fouée c'est son petit pain bien à elle. Cependant, les variantes sont relativement peu nombreuses, pour la bonne raison que nous sommes devant une préparation très simple. Par contre, la garniture ne connaît pas de limites, puisque dans un pain chaud, on peut tout mettre ou presque.

Les gogues

C'est une sorte de gros boudin à la mode du cru, garni de lard, crème et légumes, qui se mange froide (la gogue est féminine) avec de la salade ou de la vinaigrette.

Grand-mère faisait toujours poêler des rondelles de gogue avec des tranches de foie de porc, pour célébrer la Pâques, selon une coutume très ancienne du vieil Anjou.

On peut aussi servir les mêmes rondelles poêlées avec de la purée. Comme les rillauds,

comme la fouée, comme le cul de veau, les gogues font partie du patrimoine culinaire angevin.

Leur recette peut s'améliorer en variant les composants, ou en rajoutant, car comme dans beaucoup de plats composés la porte reste ouverte à l'imagination et aux moyens du bord.

Il faut passer par son charcutier pour avoir du sang de porc et un boyau

Le Cointreau

Confiseur du 19e siècle installé à Angers, Adolphe Cointreau préparait et commercialisait des liqueurs dont le célèbre guignolet. Apéritif à base de cerises, cousin du ratafia, inventé au début du 17e par des Bénédictines locales, il ne devint réellement populaire que deux siècles plus tard.

Galipettes Saumuroises

Saumur, c'est la patrie du champignon de Paris qui poussent dans de nombreuses carrières souterraines alentour.
Et parmi ces champignons, certains poussent en liberté, tout simplement parce qu'on ne les cueille pas tout de suite, en regard de leur taille modeste.
Mais à grandir seuls, sans être gênés par des voisins encombrants, ils grossissent, finissant par avoir un chapeau si gros et si lourd, qu'il finit par tomber, par faire « la galipette ».
Ces gros chapeaux, une fois ramassés, conservent leur nom, et finissent depuis toujours dans les casseroles de grand-mère.

Pour 10 beaux champignons galipettes

600 g de rillettes
une boite de tomates épluchées
1 oignon, deux gousses d'ail, du sel
de l'huile d'olive

Epluchez vos champignons, ôtez les pieds. Garnissez l'intérieur des chapeaux avec des rillettes.

Mettez à four chaud (210°-7) un petit quart d'heure.

Epluchez l'ail, l'oignon, hachez-les. Faites revenir ail et oignon, avec les pieds de champignons dans de l'huile d'olive,

Ajoutez les tomates égouttées et écrasées à la fourchette, salez, poivrez.

Laissez cuire le tout à feu doux dix minutes, puis mixez l'ensemble pour faire une sauce.

Les galipettes une fois dorées, disposez les sur des assiettes et nappez les de sauce chaude

Et pour faire couler le tout, un Saumur Champigny rouge comme il se doit.

Maison Cointreau d'Angers

La fouée Saumuroise

500 g de farine
(si possible de froment)
1 cuillère à soupe de sel
15 g de levure de boulanger
eau tiède

Dans une bassine, mettez farine et sel.

Délayez la levure dans une tasse avec de l'eau tiède, puis versez là dans la bassine.

Remuez bien le tout, puis incorporez de l'eau tiède sans cesser de remuer, jusqu'à obtenir une pâte homogène.

Laissez reposer la pâte durant 4 heures.

Faites des boulettes qui seront ensuite aplaties à la main, et finies au rouleau.

Mettez à cuire durant deux minutes dans un four très chaud (450°).

Un Angevin célèbre

Curnonsky, Prince des Gastronomes

Impossible d'écrire un livre de cuisine Angevine, fusse t-il sur les grands-mères, sans parler du plus illustre des gourmets. Journaliste spécialisé en gastronomie, Maurice Edmond Saillant est né à Angers, à deux pas de la gare, en 1876. Devenu en 1930 Curnonsky en pleine époque d'amitié Franco-Russe, il fut un ardent défenseur de la cuisine de terroir, et notamment celle de l'Anjou dont il affirmait qu'elle était « le paradis de la digestion paisible ». il a d'ailleurs écrit un ouvrage sur celle-ci en 1921.

L'école hôtelière de Saumur porte son nom, ainsi que quelque salons de la ville d'Angers.

En mélangeant et en faisant macérer en 1875 des écorces d'oranges douces et amères distillées ensuite, Edouard Cointreau fils et héritier du précédent, lança une nouvelle boisson qui perdure de nos jours avec plus de 9 millions de litres vendus annuellement dont 80% à l'export. Quant au Guignolet, il dépasse les 140.000 bouteilles, le tout portant désormais l'étiquette de deux maisons, Giffard et Cointreau

La menthe-pastille

Autre liqueur translucide à base de menthe poivrée, elle fut créée en 1885 par le pharmacien Emile Giffard. C'est un digestif au sens propre du terme, rafraîchissante et fort appréciée en période estivale.

le crémet d'Anjou

4 œufs
100 g de sucre
50 cl de crème fraîche
1 pincée de sel
coulis de fruits rouges

Montez les blancs des œufs en neige avec une pincée de sel.

A part, mélangez le sucre et la crème. Incorporez délicatement ce dernier mélange aux blancs.

Votre crémet est prêt. Disposez le dans des moules à faisselle, pour qu'il puisse s'égoutter.

Mettez le crémet au frais plusieurs heures durant.

Démoulez avant de servir, et nappez de coulis de fruits rouges ou de confiture.

Les vins d'Anjou

Vins d'ardoise élevés sur les schistes du massif Armoricain, issus d'une immense zone viticole qui va du Layon, de l'Aubance et des Côteaux de la Loire à l'ouest, jusqu'au vignoble Saumurois à l'est. Le chenin blanc, cépage le plus employé, fournit une dizaine d'AOC de vins moelleux ou liquoreux du Layon, dont les célèbres quarts de chaume, ainsi que de multiples blancs secs. Les rosés donnent des petits breuvages secs comme le Cabernet, tandis que les rouges sont de plus en plus appréciés (Saumur Champigny). Sans oublier certains pétillants, comme le Crémant de Loire, AOC depuis 1975. Enfin, on n'oubliera pas les petits vignobles de la vallée du Loir, à l'est de la région Pays de la Loire, qui compte deux AOC remarquables, les côteaux du Loir rouge et le jasnières aux jolis tons jaune d'or.

Le Crémet d'Anjou

Dessert à base de crème fraîche, et de blanc d'œufs, présenté en parts individuelles souvent accompagné d'un coulis de fruits rouges.

Grand-Mère et ses recettes du marché

Les marchés de Grand-mère

En Anjou, plus qu'ailleurs, on ressent sur les marchés une douceur bien particulière, des senteurs et des parfums de légumes ou de fruits venus des potagers et vergers locaux. Les saisons, peut-être à cause de l'influence de la Loire, y paraissent en avance, avec un printemps souvent précoce, tandis que dans d'autres parties de la France le froid perdure.

Soupe froide de tomates de la Saint-Jean

6 belles tomates
1 concombre moyen, 2 poivrons
4 branches de céleri, 2 petits oignons,
4 gousses d'ail, sel

Découpez les tomates, le concombre, le céleri lavé et les poivrons en petits morceaux. Mettez tous ces légumes dans un grand saladier. Epluchez ail et oignons, coupez les en morceaux grossiers, ajoutez les à la salade. Mettez quatre cuillères à soupe de sel. Mixez le tout, rallongez avec de l'eau fraîche. Placez au frigo durant quatre heures au moins. Rectifiez l'assaisonnement si besoin, servez très frais.

Artichauts farcis à l'Angevine

Cultivé en Anjou depuis des siècles,
notamment dans la région de Coutures,
l'artichaut est le roi des marchés.
On lui prête des vertus hépatiques,
et il peut se consommer en entrée comme
en plat de résistance.

6 artichauts, 275 g d'échine de porc
150 g d'épaule de veau
150 g de champignons de Paris
6 tranches de poitrine de porc fumé très minces
75 g de beurre salé
1/2 bouteille de Saumur blanc sec
Sel, poivre au moulin

Enlevez-les premières feuilles des artichauts, puis coupez-les suivantes à mi-hauteur. Mettez-les dans une casserole pleine d'eau bouillante salée avec un peu de vinaigre. Laissez cuire un bon quart d'heure.

Faites la farce avec les champignons hachés au couteau, le veau et le porc finement hachés, (hachoir électrique ou manuel), salez, poivrez.

Retirez les artichauts de l'eau, égouttez-les. Retirez le foin au cœur des artichauts, et remplacez-le par la farce. Entourez chaque artichaut d'une bande de poitrine fumée, et maintenez la fermée avec un pic de petit bois (cure dent).

Mettez le tout à cuire dans une cocotte avec le beurre et le vin blanc. Cuisez à feu doux une heure durant, en arrosant souvent.

Servez avec un Saumur blanc sec (le même que la cuisson).

Les produits arrivent donc de bonne heure sur les étals, portés par des maraîchers venus de la vallée de l'Authion, paradis des légumes et fruits, avec bien évidemment en vedette les asperges fraîchement cueillies. Sur les grands marchés d'Angers, place du Général Leclerc, rue Saint Laud, avenue du 11 novembre, se détaillent les spécialités du cru, comme les rillauds, les tourtes aux reines-claude ou les laitages et fromages de la région.

Sur ces marchés Angevins, le visiteur notera également l'abondance de fleurs de toutes sortes. Normal, la capitale de l'Anjou étant labellisée « Ville Quatre fleurs » depuis plus de vingt ans, avec 450 000 plantes d'ornements de 250 espèces différentes réparties chaque année dans ses nombreux parcs et jardins publics. De plus, avec 42 m^2 par habitants, la ville détient le record national en matière d'espaces verts.

Grand-mère se promène donc à travers les étals de sa cité pour acheter ses fruits et légu-

mes afin d'en tirer quelques petites merveilles culinaires bien à elle. A travers la province, on la rencontre encore parfois vêtue à l'ancienne, avec sa coiffe, mais toujours avec son panier d'osier qu'elle remplit de ses achats. Direction ses fourneaux, ses odeurs et ses bruits de cuisson, pour des recettes à se lécher les babines.

Un sous-sol riche de saveurs

Les pays de Loire, et plus particulièrement l'Anjou, sont creusés de multiples espaces souterrains issus des siècles d'extractions de tuffeau. Rapidement récupérées par les habitants troglodytes, ces immenses cavernes ont ensuite servi à la culture du champignon de couche – ou champignon de Paris – principale-

Salade de chou de Martigne

1 chou rouge
4 pommes de terre
Beurre
Roquefort

Préparez une vinaigrette avec 1 échalote hachée, de la moutarde, du sel, du poivre, de l'huile d'olive, du cumin, du vinaigre.

Faites revenir dans une cocotte dans du beurre le chou coupé en fines lanières. Arrosez avec une cuillère à soupe de vinaigre, ajoutez une pincée de sucre en poudre, du sel. Couvrez, laissez cuire doucement quelques minutes à feu doux.

Faites cuire à côté et à la vapeur les pommes de terre, pelez les, coupez les en tranches.

Sortez le chou, laissez le refroidir, puis incorporez la vinaigrette.

Disposez les pommes de terre, mettez dessus du roquefort coupé en lamelles. Placez le chou au milieu, puis laissez le tout au frigo une heure durant.

Croquettes de champignons au riz

200 g de riz
500 g de champignons de couche
2 œufs battus
Mie de pain
Chapelure
Sel, poivre

Faites cuire à l'eau bouillante salée 200 g de riz.

Faites cuire à côté 500 g de champignons de Paris de moyenne grosseur, coupés en morceaux,dans de l'eau et du sel.

Lorsque le riz est presque cuit, mêlez y les champignons et finissez la cuisson.

Laissez refroidir le tout, égouttez.

Faites des boulettes de grosseur moyenne avec ce riz froid, après avoir salé et poivré.

Roulez les dans de la chapelure, puis passez les dans de l'œuf battu, puis dans de la mie de pain.

Faites frire dans de l'huile d'olive à la poêle et servez avec du persil.

Croûte des Mauges

Epluchez une livre de champignons de couche de taille moyenne.

Mettez les dans l'eau avec une cuillère de vinaigre, réservez. Dans un poêlon faites chauffer assez d'eau pour les couvrir.

Lorsque cette eau bout, jetez y les champignons et faites les cuire 5 minutes. Retirez, égouttez, mettez dans une sauce béchamel.

Liez avec un jaune d'œuf délayé dans du lait, laissez mijoter à feu très doux. Faites frire dans du beurre des croûtes de pain mollet.

Servez ces croûtes de pain chaudes, et versez dessus les champignons avec leur sauce.

Petits farcis d'Anjou

10 gros champignons de couche
2 cuillères d'huile
De la chapelure
Persil
Ciboulette
Ail
Mie de pain

Préparez vos champignons, retirez les queues que vous conservez.

Déposez vos têtes entières, creux en dessus, dans un plat à four, et faites les chauffer à feu vif dans de l'huile pour leur faire prendre couleur.

Préparez une farce avec la mie de pain, les queues de champignon coupées fines, du persil, de la ciboulette, de l'ail tous hachés, du beurre.

Remplissez les têtes de champignons sorties du feu avec cette farce, saupoudrez de chapelure.

Faites cuire le tout vingt minutes à four chaud. (220°)

Champignons aux herbes du Layon

Faites blanchir vos champignons.

Mettez les dans une casserole et faites cuire avec un peu de beurre fondu.

Salez, poivrez, ajoutez du persil, de la ciboulette de l'ail le tout haché.

Servez très chaud, avec un jus de citron.

ment dans le Saumurois. Les qualités climatiques de ces sites en ont fait le royaume des champignonnières, ces petits légumes tenant une place importante dans la cuisine régionale. Ainsi grand-mère les ajoute t-elle dans bon nombre de ses préparations à l'égal des restaurants locaux qui ne s'en privent pas. Nous avons d'ailleurs évoqué dans ces pages les fameuses «galipettes Angevines» gros champignons de Paris farcis qui sont un délice régional.

Les asperges

Cultivée dans le sol sablonneux du cœur de la vallée de la Loire, l'asperge est un légume diététique et diurétique devant son arôme particulier à une substance qui lui est propre: l'aspergine. Elle se récolte de Février à Juillet, mais sa plus grande production se fait en mai.

Terrine d'asperge du Layon

Pour 1 kg d'asperges vertes

30 cl de bouillon de volaille, 2 tomates, 1 citron
persil, cerfeuil, menthe, coriandre, ciboulette
6 feuilles de gélatine
5 cuillères à soupe d'huile de pépins de raisin
1,5 cuillère à soupe de vinaigre balsamique
sel, poivre

Faites des bottes de six asperges, pelées, en les liant avec de la ficelle. Faites-les cuire dans de l'eau salée, entre 8 et 10 minutes. Retirez les ficelles, faites égoutter sur un torchon Faites cuire dans l'eau froide les zestes du citron épluché jusqu'à frémissement.

Laissez cuire 2 minutes ces zestes, égouttez-les. Ebouillantez les tomates, pelez les, coupez les en bâtonnets. Trempez la gélatine 10 minutes dans l'eau froide. Portez le bouillon de volaille à ébullition, puis jetez y la gélatine essorée. Remuez hors du feu, laissez dissoudre la gélatine, remuez encore.

Dans une terrine, coulez une couche de gelée, parsemez de zestes de citron. Alignez dessus les asperges, les bâtonnets de tomate, Versez le reste de la gelée, mettez au frais durant six heures. Effeuillez coriandre, cerfeuil, persil, menthe, mixez le tout à l'huile.

Ajoutez le vinaigre la ciboulette, le sel, le poivre.

Vous servirez la terrine nappée de cette sauce que vous aurez fait tiédir au bain-marie.

Conseil de grand-mère

Testez l'asperge en cassant sa queue. Si la coupe est franche, si elle se casse facilement, c'est qu'elle ne sera pas ligneuse. Privilégiez les petits calibres, et ne les grattez pas avec un simple couteau, car la fibre dure qui les gaine difficile à retirer. Prenez un économe.

Pelez les asperges à l'économe en commençant 1 à 2 cm sous la pointe.

Cassez la base de l'asperge à la moitié de sa hauteur.

Liez les asperges en bottes avec de la ficelle de boucher.

Faites les cuire à l'eau bouillante salée 20 minutes.

Egouttez et servez tiède sur une serviette blanche pliée ou un égouttoir spécial.

Une sauce de grand-mère Léonie :

C'est une mousseline
qui ne dénature pas le goût :

150 g de beurre salé
2 cuillères à soupe de crème fraîche
sel et poivre
3 jaunes d'oeufs

Dans une casserole, à feu très doux, mettez les jaunes d'œufs, la crème, et 1/2 verre d'eau.

Poivrez, puis battez énergiquement pour faire un mélange mousseux. Hors du feu, incorporez le beurre coupé en dés, en battant toujours au fouet.

Conservez à tiédir au bain marie.

Vous pouvez aussi faire une sauce avec de la mayonnaise dans laquelle vous ajoutez des blancs d'œufs battus en neige.

Avec les asperges, il est conseillé de boire un Saumur blanc.

Grand-Mère et ses recettes de ragoûts

Grand-mère et ses ragoûts d'Anjou

C'était une autre époque.

Il n'existait pas encore de plaques à induction, de feux à gaz réglés au millimètre, de serpents électriques rougeoyants. Il y avait juste au centre de la cuisine un meuble en métal recouvert d'une faïence souvent bleue, ou d'une fonte toujours noire, duquel s'élevaient odeurs et chaleur. L'engin fonctionnait au bois, ou au charbon, été comme hiver, fournissant de l'eau chaude dans un bac, rayonnant de tous ses foyers.

Ragoût de chez ma Mamie, de Chemillé

50 g de poitrine de veau coupée en morceaux
saindoux, farine, sel, poivre
10 petits oignons, thym, persil, laurier
250 g de champignons de paris émincés

Faites revenir vos morceaux de veau dans une noix de saindoux dans une casserole

Laissez les prendre couleur en les retournant de temps en temps.

Saupoudrez les de 2 cuillères de farine, remuez.

Ajoutez deux verres d'eau, sel, poivre, le thym, le persil, les oignons, le laurier.

Mettez les champignons.

Laissez cuire à feu doux durant 1 h 1/2

Variante : des petits pois à la place des champignons, avec 6 petits oignons au lieu de 10.

Coq des Mauges au Champigny rouge

1 coq de 1,5 kg
2 cuillères à soupe d'huile,
150 g de champignons frais
5 échalotes un bouquet garni, sel, poivre
1/2 bouteille de Champigny
15 cl de crème fraîche, farine, beurre

Dans l'huile chaude, faites revenir votre coq coupé en morceaux.

Réservez, salez, poivrez.

Faites suer dans la cocotte et dans l'huile de cuisson vos échalotes émincées.

Ajoutez les champignons épluchés coupés en fins morceaux, puis le bouquet garni.

Mouillez avec le vin.

Remettez les morceaux de viande, laissez mijoter le tout une heure durant.

Retirez la viande, disposez là au chaud dans un plat mis au four.

Faites réduire un peu le fond de la cuisson, puis liez avec la crème.

Versez cette sauce sur la viande, que vous accompagnerez de pâtes fraîches.

Il y avait un tuyau autour duquel s'étoilait un support à torchons, des couvercles ronds que l'on pouvait ouvrir à différents diamètres, d'où on apercevait les braises brûlantes. Sur ce « piano » mijotaient dans des cocottes au cul charbonneux des préparations diverses d'où s'élevaient de délicieux effluves. Cela sentait la soupe, qui y frissonnait en permanence, posée sur le bord le plus tiède, et la viande en cuisson mélangée à ses légumes ou autres ingrédients.

Dans le four, on plaçait les rôtis, les poulets du dimanche, les pommes de terre en gratin. C'était l'outil idéal pour cuire à petit feu, pour faire dorer les matières et exprimer les senteurs. Sur le dessus, dans leurs différents récipients se composaient les alchimies complexes des plats en sauces, ces ragoûts longs à cuire, inventés par une grand-mère qui devait souvent nourrir sa nichée avec les produits qu'elle trouvait.

Ces ragoûts, c'étaient les plats du pauvre. Grand-mère les fabriquait de viandes parfois d'abats, de bas morceaux, mais les sublimait d'aromates, de condiments divers, et de son inimitable tour de main souvent hérité de ses aïeules.

Des recettes de ragoût, on peut les compter par milliers, issues des habitudes régionales, des matières premières du cru, de l'imagination débordante des vieilles dames à chignon qui les créaient comme un peintre construit sa toile. Elles les amélioraient souvent, ajoutant de ceci, retirant de cela, mariant sans complexe des ingrédients parfois inattendus. Il y avait du bœuf, du mouton, de la poule, du gibier, du poisson, qui mettaient parfois des heures à se rendre comestibles, à faire leur propre sauce. Dans cette dernière, on allait tremper son pain avec bonheur, son bon vieux pain de campagne qui pouvait rester dans la huche une semaine

Ragoût d'œufs

6 œufs
1 kg de pommes de terre coupées en tranche
Tranches de pain rassis
2 poireaux, 1 oignon, 2 tomates
Safran, bouquet garni,
4 gousses d'ail
4 cuillères à soupe d'huile d'olive
1 cuillère à soupe de persil haché

Coupez finement les poireaux et l'oignon, pelez et hachez les tomates. Dans une grande casserole, faites chauffer l'huile, et jetez y poireaux et oignons. Laissez dorer, ajoutez les tomates, l'ail écrasé, le bouquet garni, le safran.

Ajoutez les pommes de terre coupées en tranches, couvrez d'eau froide. Portez à ébullition puis laissez frissonner 20 minutes. Une fois les pommes de terre cuites, faites pocher vos œufs dans le bouillon

Servez en disposant des tranches de pain rassis dans un plat creux, sur lesquelles vous versez le bouillon.

Présentez dans un autre plat à côté les pommes de terre, sur lesquelles vous posez vos œufs pochés. Saupoudrez de persil haché.

Mouton et porc au pot

1 gigot de mouton désossé (conservez l'os)
1 épaule de porc
6 tomates, 3 oignons, 1 cœur de chou, 6 poivrons
3 tasses à café de pois chiches
3 tasses à café de riz
gros sel, poivre, paprika, 1 tête d'ail
1 grosse cuillère à soupe de saindoux

La veille, faites tremper les pois chiches dans de l'eau.

Dans une cocotte, faites roussir les oignons émincés dans du saindoux. Ajoutez les tomates coupées en morceaux, les poivrons émincés.

Frottez l'épaule d'agneau avec du gros sel et des gousses d'ail épluchées. Dans une marmite, mettez le gigot désossé et son os, puis l'épaule de porc.

Ajoutez tous les légumes frits, l'ail restant, le reste du saindoux, du poivre, le paprika.

Couvez largement d'eau, portez à ébullition, puis laissez cuire durant trois heures.

Ajoutez le riz, les pois chiches égouttés, remettez à bouillir 3/4 d'heure.

Si besoin, en cours de cuisson, ajoutez de l'eau.

L'oie de Baugé

L'oie d'Anjou est issue de l'oie grise du marais Poitevin croisée à l'oie blanche du Poitou. On estime qu'elle est convenablement engraissée lorsque l'on relève sous son aile une noix de graisse assez grosse et très ferme, qui est le signe à la palpation qu'elle est arrivée à maturité. On reconnaît également sa jeunesse à la flexibilité de son bec, et grand-mère privilégie les oies assez jeunes d'environ trois kilos pour préparer cette recette ancienne dont l'origine se perd dans la nuit des temps.

Pour une oie moyenne de trois kilos coupée en morceaux

100 g de poitrine demi sel
200 g de champignons de couche
2 carottes, 2 oignons, thym, persil, laurier
20 cl de crème fraîche, 20 cl de bouillon de volaille
sel, poivre, muscade, beurre, 1 jaune d'oeuf

Dans une cocotte de fonte, faites fondre une noix de beurre, faites-y revenir les morceaux d'oie farinés, à feu doux. Ajoutez les carottes et oignons émincés, ainsi que le lard coupé en dés. Faites suer le tout durant cinq minutes. Mouillez avec le bouillon de volaille (tout prêt ou fait avec la carcasse, c'est mieux). Ajoutez persil, thym, laurier. Laissez mijoter le tout une bonne heure durant, plus si besoin, en surveillant le jus pour qu'il ne se réduise pas trop. Rajoutez du bouillon si besoin. Faites cuire les champignons à la poêle dans du beurre. Une fois la viande cuite, retirez-la de la cocotte, réservez-la au chaud.

Préparez une sauce en mettant dans le jus de cuisson la crème fraîche et lier le tout avec un jaune d'œuf

Dressez sur un plat creux, les morceaux de viande, entourés de champignons, nappez avec la sauce.

Les grands-mères d'Anjou cuisinaient tous les dimanche d'hiver, une belle oie bien grasse, par tradition, et parce que la province a toujours été accueillante à ces volatiles. Au point de servir de monnaie de paiement pour les impôts dus par les paysans à leurs seigneurs locaux, au point de voir de nombreux villages angevins porter des noms dérivés de l'oie. Le Maine et Loire reste d'ailleurs le leader des départements français en matière de production d'oies à rôtir, le plat continuant d'être considéré comme un mets festifs, notamment en fin d'année.

durant. Et on remplissait son assiette de mélanges odoriférants qui ouvraient l'appétit.

En Anjou, les grands-mères à ragoûts n'avaient que l'embarras du choix en matière de denrées. Légumes, viandes, il y avait de tout, tiré du potager, venu du marché, tué par la chasse, attrapé par les gaules. Elles en fabriquaient des recettes dont on aime toujours à se gaver, malgré cette époque qui a tant changé, ces habitudes de régime qu'elles auraient trouvé ridicules, et toutes ces modes alimentaires idiotes. Elles se servaient du sang de leur lapin, des herbes de leur jardin, des légumes de leur potager pour assurer leur vocation nourricière vers les bouches avides de leurs proches. Un ragoût, Audiard l'écrivait, « c'est une œuvre d'art écrite par des gens qui prennent la "tortore" au sérieux ». A vos fourchettes !

Poularde à l'Angevine

Pour une belle poularde de 1,5 kg

250 g de mousserons
ou de champignons de couche
2 échalotes, 1 oignon, 2 gousses d'ail
Sel, poivre
1 belle tomate,
1/2 litre de crème fraîche
1 verre de vin blanc d'Anjou sec
2 verres de bouillon de volaille
1 jaune d'œuf, 1 citron

Coupez votre poularde en morceaux.

Dans une cocotte, faites-les revenir au beurre en les retournant sur toutes leurs faces.

Une fois coloré, salez, poivrez, puis couvrez, et mettez la cocotte à four moyen 1/2 heure.

Sortez la cocotte du four, retirez les morceaux, réservez les au chaud.

Déglacez la cocotte avec le vin blanc, ajoutez la tomate coupée en morceaux, l'oignon, l'échalote, l'ail hachés. Versez la moitié du bouillon de volaille, remuez, couvrez, laissez réduire à feu doux jusqu'à moitié.

Préparez les champignons, faites les sauter au beurre dans la poêle, couvrez les du bouillon restant, puis couvrez la poêle et laissez mijoter vingt minutes.

Ajoutez les champignons au contenu de la cocotte, puis la crème, et mélangez soigneusement le tout.

Rectifiez l'assaisonnement, puis laissez chauffer à feu très doux. Remettez les morceaux de poularde, puis réchauffez à couvert à feu doux.

Juste avant le service, retirez à l'écumoire les morceaux de poularde, battez dans un bol le jaune d'oeuf et le jus d'un citron, ajoutez les à la sauce, et nappez ensuite votre viande ce cette dernière.

La poularde

En Anjou, les poulardes les plus appréciées arrivent du Mans pas très lointain. Réputées des plus savoureuses, elles étaient jadis engraissées par bouillie de lait et farine de blé noir, ce qui leur donnait un goût bien particulier, vanté en son temps par l'incontournable Curnonsky.

De nos jours, la région produit encore ces volailles de haute qualité, malgré des modes d'élevage modernisés, plus aseptisés, mais qui permettent cependant de leur octroyer le nom de poularde.

Pot au feu à la bonne franquette

Pour 1 kg de viande

4 carottes, 2 navets, 1 oignon piqué de girofle
1 bouquet garni, 3 poireaux liés en botte
1 gousse d'ail, 1 poignée de gros sel
5 litres d'eau, poivre noir en grains

Dans une grande marmite, mettez la viande ficelée, ajoutez des grains de poivre noir, versez les 5 litres d'eau. Portez à ébullition. Enlevez l'écume qui se répand sur le bouillon au fur et à mesure.

Ajoutez les légumes épluchés, coupés en morceaux, l'ail, le bouquet garni, (faites cuire des pommes de terre à part dans de l'eau salée).

Porter à nouveau le tout à ébullition, puis couvrez.

Laissez mijoter entre 3 et 4 heures tout en dégraissant de temps en temps.

Au moment de servir, passez le bouillon dans une passoire et versez le tel quel sur des tranches de pain de campagne grillé. La viande se sert entourée de légumes, avec les pommes de terre, accompagnée de gros sel, de cornichons, de vinaigrette et de moutarde.

Certains mettent dans leur assiette la viande, les légumes, et versent le bouillon dessus, pour faire une soupe qui se mange moitié à la cuillère, moitié à la fourchette.

Conseils de grand-mère :

On peut plonger les viandes dans de l'eau froide, libérant ainsi leurs sucs qui parfumeront le bouillon ce qui le rendra plus savoureux. Mais les viandes seront moins goûteuses. Par contre, si on les plonge dans l'eau bouillante, elles seront meilleures, au détriment du bouillon. C'est donc un choix que l'on peut cependant éviter en ménageant chèvre et chou, en faisant cuire à l'eau froide une partie des viandes comme la queue, et à l'eau bouillante le reste.

Un pot au feu peut très bien se préparer la veille ce qui permettra de le dégraisser facilement à l'écumoire avant de le mettre à réchauffer. Pour plus d'onctuosité, ajoutez un pied de bœuf. Si vous rajoutez un chou aux légumes, mettez le à mi-cuisson.

Empaquetez l'os à moelle dans de la mousseline pour éviter qu'elle ne s'échappe.

Le pot au feu

Pour grand-mère, le pot au feu se fait d'abord dans son panier. Côté viande, certaines se cantonnent volontairement dans le bœuf, exclusivement. Collier, paleron, poitrine, plat de côtes, gîte à la noix, queue, tous bas morceaux réclamant une cuisson lente. D'autres mélangent les genres, faisant voisiner bœuf, mouton, veau, poule. ajoutant qui une joue de bœuf (gélatineuse et goûteuse) qui un os à moelle. En résumé, c'est un plat simple, peu onéreux, qui présente à lui seul un menu entier, de la soupe en entrée aux légumes en accompagnement, dont les restes s'utilisent en hachis, tomates ou pommes de terre farcies, etc.. mais aussi en salade, avec échalotes, huile, et pommes de terre bouillies.

La sauce de pot au feu à Taillevent

2 foies de volaille
1 tranche épaisse de pain de mie grillé
1/2 verre de bouillon de viande
1 verre d'Anjou rouge
2 cuillères à soupe de vinaigre
6 gousse d'ail
2 cuillère à café de cannelle
1 cuillère de gingembre
1 pincée de muscade
1 pincée de cumin
Thym, laurier
Sel, poivre
Quelques grains de coriandre et de cardamone

Broyez ensemble au robot pain grillé, foies de volaille, gousses d'ail épluchées.

Délayez avec bouillon de volaille, vin rouge, vinaigre, jusqu'à obtention d'une crème liquide

Ajoutez tous les épices, thym, laurier, sel, poivre

Portez à ébullition en remuant jusqu'à obtention d'une crème lisse

Retirez thym et laurier, mettez dans une saucière.

L'agneau

Rappelons-le : Baugé était le lieu de résidence préféré du bon roi René, qui aimait à venir y peindre et écrire ses poèmes.

C'était également – c'est toujours – une région riche de ses forêts (territoire le plus boisé de tout le Maine et Loire) et de ses herbages dans lesquels paissent à longueur d'années de succulents agneaux.

Grand-mère a préparé celui-ci en le renforçant d'une pleine bouteilles de Saumur-Champigny.

Et comme tous les ragoûts, il est encore meilleur réchauffé.

Agneau de Baugé

1,5 kg de collier d'agneau
150 g de poitrine fumée
3 oignons, 1 gousse d'ail, laurier
2 carottes, 1 kg de pommes de terre
Beurre, huile, sel, poivre
1 bouteille de Saumur Champigny

Dans une cocotte, faites fondre une grosse noix de beurre et deux cuillères d'huile. Faites-y revenir les morceaux d'agneau, salez, poivrez.

Retirez la viande une fois dorée. Remplacez-la par les carottes coupées en rondelles et les oignons émincés. Ajoutez la poitrine coupée en dés, laissez brunir un peu. Mouillez avec le vin, salez, poivrez.

Remettez la viande, ajoutez l'ail épluché, coupé en morceaux, le laurier.

Laissez mijoter 50 minutes, puis ajoutez les pommes de terre épluchées coupées en gros morceaux. Couvrez, laissez cuire à nouveau 30 minutes à feu doux, plus si nécessaire.

Obligatoirement, on boit le même vin que celui qui a servi à la cuisson.

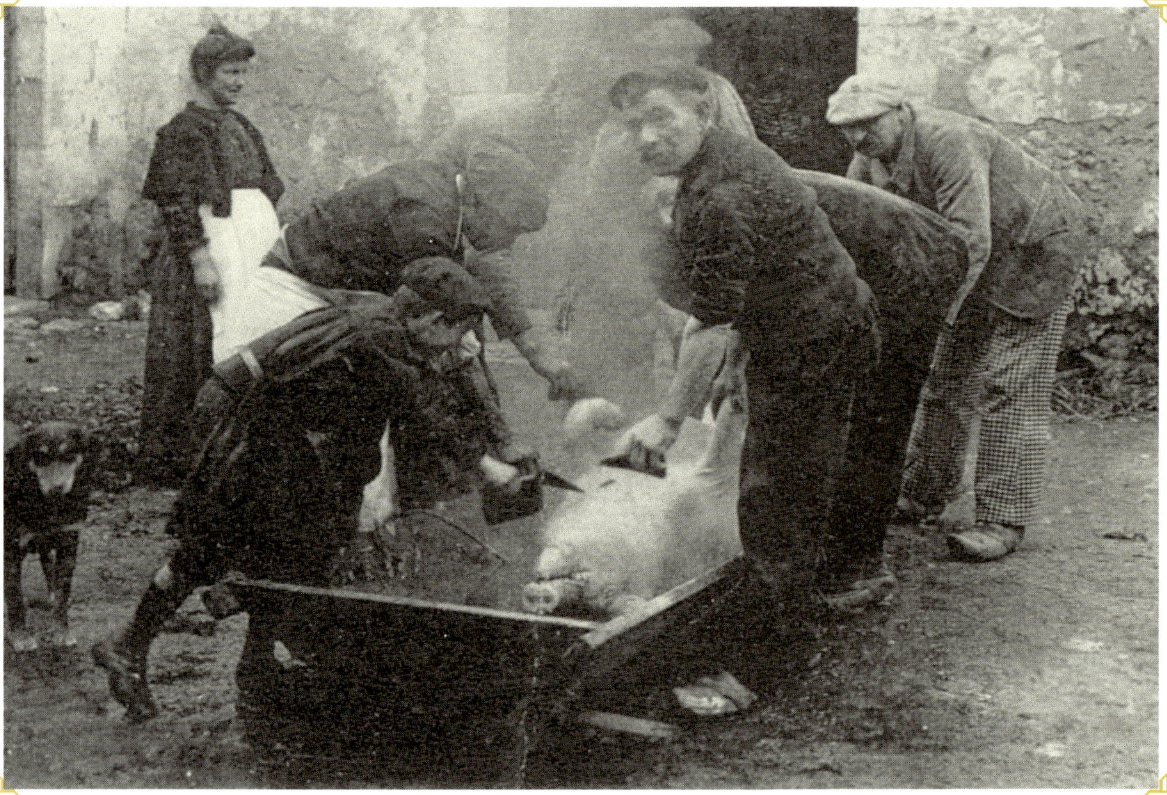

Grand-Mère et ses recettes de cochon

La fête du Goret

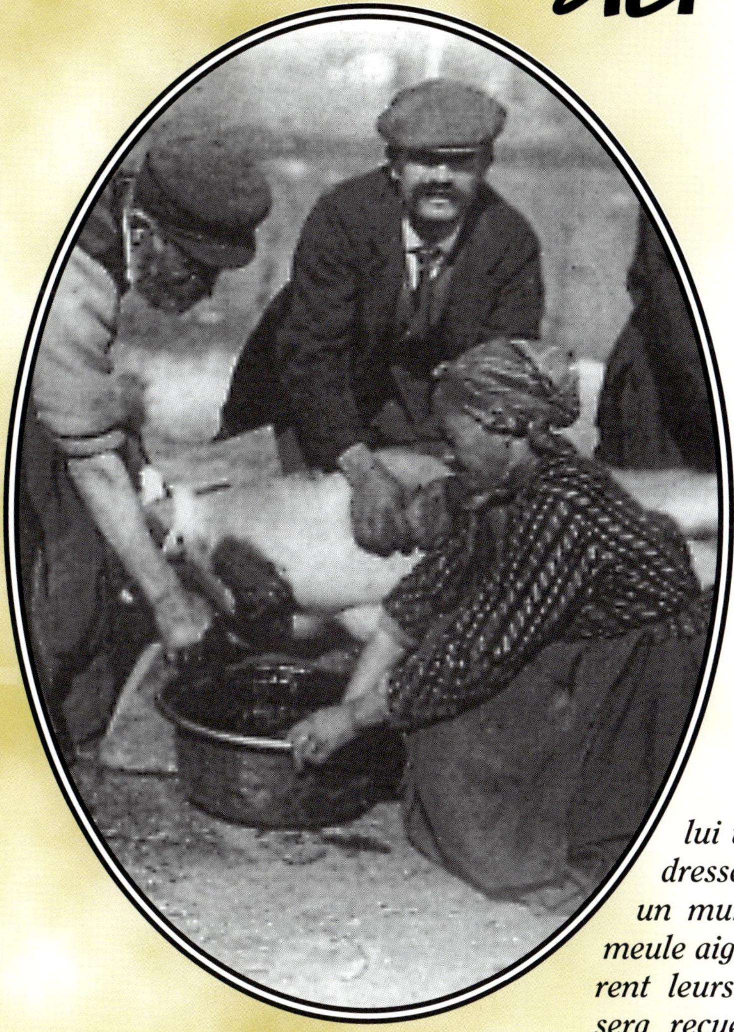

Il y a tout le village, réuni autour de la brave bête qui se demande bien ce qu'on lui veut. Dans un coin, les hommes dressent une échelle inclinée contre un mur, tandis que l'un d'eux sur sa meule aiguise sa lame. Les femmes préparent leurs récipients, ceux dans lesquels sera recueilli le sang pour les boudins, tandis que l'on aménage une vaste table sur tréteaux et planches de chêne, qui servira à découper la bête.

Salade Saumuroise

4 rillons
200 g de cerneaux de noix fraîches
2 cuillères à soupe de fines herbes
2 cuillères à soupe de verjus
150 g de feuilles d'épinards
2 cuillère à soupe d'huile de noix
1 cuillère à soupe de vinaigre de vin blanc
Sel, poivre

Déposez les cerneaux de noix dans une assiette creuse, saupoudrez les de sel, ajoutez les fines herbes, mélangez, ajoutez le verjus, mettez au frais.

Coupez les rillons en dés, faites les rissoler à sec dans une poêle, remuez.

Lavez les feuilles d'épinards, égouttez les, mettez les dans un saladier. Ajoutez l'huile de noix, salez, poivrez.

Egouttez les rillons et versez les sur les épinards.

Déglacez la poêle avec le vinaigre, versez ce jus sur la salade, remuez. Disposez la salade dans les assiettes, mettes les cerneaux au milieu, les rillons tièdes autour.

Rillettes de Cholet

1,5 kg de porc gras et maigre,
avec et sans os
(Echine, cou, poitrine, jambon.)
2 clous de girofle
6 grains de poivre noir
2 brins de thym séché
Laurier
Sel, poivre du moulin

Séparez le gras du maigre, désossez. Concassez les os, découpez le maigre en lanières, hachez le gras

Posez le gras dans une cocotte en fonte, les os dessus, puis la viande.

Dans une mousseline, rassemblez le laurier, le girofle, le thym.

Mettez cette mousseline dans la cocotte en ajoutant une cuillère de gros sel.

Couvrir, laissez cuire à feu doux durant 3 h 30

Retirez le couvercle, retirez tous les os avec une écumoire. Remettez la viande à cuire, en remuant sans arrêt, durant trente minutes

Retirez la mousseline, versez les rillettes dans des pots de grès ou de verre, en mélangeant bien, gras et viande

En refroidissant, le gras remontera à la surface.

Couvrez, mettez au frigo.

La tuerie du cochon, c'est la fête, la kermesse, l'évènement auquel tous sont conviés, riches ou pauvres, gentils ou méchants, bons ou mauvais voisins. Elle se déroule au début de l'hiver, vers la fin Novembre, toute à la gloire d'une bête qui sa vie durant, aura fait partie de la famille, nourrie avec soin des restes, des pommes de terre, des navets, des glands, afin d'être en belles formes le jour de son trépas. L'exécuteur en chef est souvent un professionnel, boucher exerçant ou retraité, qui vient avec ses accessoires dans sa besace. Avant de commencer sa besogne, il aiguisera ses couteaux sous les yeux des drôles presque apeurés par les lames brillantes, à deux pas de sa future victime qui ne se doute encore de rien.

26. ANGERS. — Marché aux Porcs.

La chose se déroule de bonne heure, car la journée sera longue, alors que déjà les femmes font chauffer de l'eau dans les bassines les plus grandes. Le patient est disposé soit une échelle la tête en bas, soit sur une table de planches solides, poussant des hurlements de plus en plus stridents. Il est égorgé en deux coulées gros, avec la dextérité et le savoir faire de l'homme d'habitude, qui ne tient pas plus que nécessaire à faire souffrir une brave bête qui va bientôt nourrir sa famille. Les femmes récoltent le sang chaud dans de grandes bassines, incorporant un peu

Médaillon de cochon aux pommes

Pour 6 tranches de filet de porc

400 g de pommes épluchés taillées en dés
2 pommes épluchées coupées en quartiers
2 échalotes hachées finement
50 g de beurre, persil, 1 verre de cidre
2 cuillères à soupe de crème fraîche épaisse
2 cuillères à soupe de vinaigre de pommes
Sucre en poudre, sel, poivre, paprika

Dans une cocotte, mettez à chauffer le beurre. Faites revenir dans ce beurre échalotes et pommes en dés.

Couvrez, laissez mijoter à feu doux, ajoutez le cidre, le vinaigre. Couvrez à nouveau, laissez mijoter quelques minutes, ajoutez la crème Salez, poivrez, mettez un peu de paprika, une cuillère à soupe de sucre en poudre. Mixez le tout, laissez cuire un peu, puis réservez au chaud.

Dans du beurre, faites revenir la viande sur les deux côtés. Ajoutez quelques quartiers de pomme épluchée

Disposez la viande dans un plat creux, versez dessus la sauce, décorez avec les quartiers de pomme, puis un peu de persil ciselé.

Pieds de cochon grillés

Les pieds de cochon se trouvent souvent déjà cuits sur l'étal du charcutier.
Grand-mère préfère quant à elle les préparer elle-même, ce qui est plus long, mais ce qui donne un résultat ô combien délicieux.
Elle demande donc à son boucher des pieds sortant de l'abattoir, ou récupère les pieds tous frais du goret abattu du jour dans sa cour si on a fêté la Saint Cochon.

Trempez les pieds dans l'eau chaude pour ôter les soies et les nettoyer. Fendez les pieds dans le sens de la longueur, pour les couper en deux. Enveloppez chaque morceau dans un linge de toile que vous serrez, puis que vous attachez à chaque bout. Mettez le tout dans une marmite, avec dessus une planchette en travers pour qu'ils restent au fond.

Remplissez d'eau, ajoutez sel, poivre, épices, trois gousses d'ail, un bouquet de persil, thym, laurier. Laissez cuire cinq heures durant. Retirez les pieds de l'eau, laissez les refroidir, sortez les des linges

Trempez les dans de l'huile, roulez les dans de la chapelure. Mettez sur le gril à feu vif, pour environ 15 minutes de cuisson.

Pâté des Bords de Loire

100 g de foie de porc
300 g de chair de lapin (cuisses désossées, rable)
600 g de chair de porc
2 crépines
4 échalotes, 4 gousses d'ail
1 verre de gnôle
Bouquet garni
Sel, poivre
Farine

Hachez les viandes, le foie, l'ail, les échalotes, salez, poivrez, mélangez le tout. Incorporez la gnôle, le bouquet garni.

Laissez reposer au frais 24 heures, puis retirez le bouquet garni.

Remplissez vos bocaux. Avant de fermer, disposez dessus la viande une feuille de laurier, une branche de thym. Mettez à stériliser trois heures durant.

Conseils de grand-mère :

Ce pâté se conserve au frais du cellier ou de la cave. On le laisse reposer trois mois avant de le déguster.

Faire son boudin :

Le boucher met de côté l'intestin grêle, qui servira d'enveloppe.

On tourne le sang du cochon à la main, lorsqu'il est encore chaud.

On ajoute ensuite des oignons hachés menu, 1 kg pour 3 litres de sang.

On incorpore un peu de vin rouge d'Anjou, un peu de graisse fondue.

On sale, on poivre, on peut ajouter un verre de bonne gnôle.

Le tout s'enfile dans les boyaux lavés et préparés.

On saucissonne le tout en boudins de 10/15 cm en entortillant.

On plonge les boudins dans de l'eau chaude non bouillante.

On laisse cuire vingt minutes, puis ont met à égoutter sur un linge.

Pour terminer on pend les boudins à une poutre pour les faire sécher.

de vinaigre pour éviter le caillage, tandis que d'autres s'occupent déjà de ses poils.

Il s'agit de griller les soies, de les raser, de lui faire la couenne toute propre, avant de le débarrasser de ses entrailles qui finiront en belles andouilles.

Le boudin, c'est du sang et des épices, avec parfois des châtaignes ou des pommes, un peu de gnôle pour donner du goût, et toutes les grands-mères ont leur recette qui les distingue les unes des autres. La charcuterie suit, entre rillons, saucisses, saucissons, jambons et autres pâtés, dont celui de tête, précédant la viande à la découpe des côtelettes aux rôtis. Chaque participant aura droit à son morceau, qu'il emportera chez lui, ou bientôt, un autre jour, on viendra l'aider à sacrifier son goret.

La recette de l'andouillette, de Grand-mère Cécile

Nettoyez soigneusement les abats, qui doivent être ici composés de tripailles de porc et de veau à parts égales.

Coupez-les ensuite en fines lanières.

Laissez mariner ces abats durant 48 heures dans du vin blanc d'Anjou mélangé à des oignons, des carottes en rondelles, du thym, du laurier.

Sortez les de la marinade, puis liez les avec en les entortillant, en mélangeant porc et veau.

Farcissez les intestins que vous ligaturez une fois pleins avec de la ficelle de boucher.

Mettez à cuire dans un bouillon préparé à l'avance (si possible bouillon de viande de porc, sinon de volailles).

Après deux heures et demie de cuisson, retirez la graisse, changez le bouillon.

Remettez à cuire deux heures de plus.

Une fois cuites, coupez ces saucisses après refroidissement en tronçons de quinze centimètres environ.

Les andouillettes se mangent froides, avec une salade par exemple, ou à la moutarde, mais aussi chaudes.

En entrée, faites-les rissoler griller ou frire afin de leur donner une couleur brun doré, et les rendre croustillantes.

N'oubliez pas d'en piquer la peau avec une fourchette pour éviter leur éclatement.

Attention :

N'est pas andouillette qui veut. La véritable andouillette est conforme à un décret de 1912, et peuvent être diplômées de la scrupuleuse AAAAA (ass. amicale des amateurs d'andouillettes authentiques).

Les andouillettes

C'est le plat le plus apprécié en matière de charcuterie. Depuis le moyen-âge, les Angevins se régalent de cette saucisse de tripaille, qui, pour certains exégètes ne peut être construite que de porc, mais qui pour d'autres – c'est le cas en région Lyonnaise – ne peut se faire qu'avec du veau.

Grand-mère quant à elle reste pragmatique, faisant avec les denrées du bord, consciente d'avoir là un plat sur lequel se jugera son talent. Près d'une dizaine d'andouillettes différentes se recensent en France, (voir tableau ci-après) celle de Touraine étant bien évidemment la plus proche de l'Angevine. Elle se compose de cochon mélangé à du veau, ce qui lui donne un goût très particulier, et fort équilibré.

Une idée de grand-mère :

Faites revenir dans la graisse de cuisson des oignons émincés, des échalotes, mouillez avec du vin blanc d'Anjou, et repassez les andouillettes quelques minutes dans cette sauce, à petit feu.

Rôti de goret de l'Oncle Paul

1 beau rôti de porc d'un kilo
600 g de pruneaux de gros calibre
6 belles pommes à cuire
du thé, du beurre, du sucre en poudre,
1 verre de blanc de Touraine sec
Sel, poivre

24 heures avant, mettez les pruneaux à tremper dans une infusion de thé bouillante, en laissant infuser toute la nuit à couvert.

Pelez les pommes de terre, laissez les entière, évidez le milieu. Glissez une noix de beurre dans le trou du milieu, puis disposez les pommes dans un plat que vous mettez au four à 150° durant 45 minutes en les arrosant d'eau sucrée. Sortez-les, réservez-les.

Posez le rôti de porc dans un plat creux, salez, poivrez, enfournez à 220°. Cuisez 45 minutes en arrosant de vin blanc.

A la fin de la cuisson, éteindre le four, laissez le rôti cinq minutes de plus.

Egouttez les pruneaux, dénoyautez les, mettez en un dans le trou central de chaque pomme.

Faites réchauffer les pommes à feu doux, à couvert, avec les autres pruneaux mouillés de thé.

Disposez le porc en tranches dans un plat, entourez de pommes et de pruneaux.

Déglacez la cocotte avec du vin blanc, salez, poivrez, mettez le jus en saucière.

Goret en confit

1 kg de viande de porc, épaule ou filet
3 tranches de lard
du thym, du laurier, du sel, du poivre

Bardez votre viande, puis déposez la dans un bocal

Ajoutez thym et laurier, sel et poivre

Fermez hermétiquement, faites stériliser durant 3 heures à 100°. Ouvrez et dégustez : mais deux mois plus tard.

C'est facile à faire, c'est délicieux, et ça se conserve au cellier ou à la cave autant que l'on veut. De quoi faire plaisir à des visiteurs impromptus, en faisant réchauffer dans une poêlée de pommes de terre avec ail et persil.

Des andouillettes d'en France :

De Chablis : Faite d'entrailles de porc elle est petite, avec un goût assez fort, aromatisée de fines herbes et d'escargots mélangés.

De Cambrai : Tripes de veau sont sa composition principale, mélangées à des oignons, des échalotes et du gingembre, cette andouillette est la plus réputée du pays Nordique.

De Lyon : Du veau, et c'est tout, avec bien entendu des aromates, le tout cuit dans un bouillon bien épicé avec du beaujolais.

De Jargeau : Nous sommes près d'Orléans, dans le Loiret, et l'andouillette est plus fine qu'ailleurs, grâce à l'addition de viandes de porc maigre et des tripes cochonnes.

Joues de porc de Brion

Pour 6 belles joues de porc préparées par le boucher

Préparez une marinade à base de thym, romarin, ail écrasé, gros sel, poivre en grains, huile d'olive, un verre de Champigny rouge.

Mettez à mariner durant douze heures minimum. Sortez les joues de la marinade, égouttez les sur du papier absorbant. Faites revenir les joues à feu vif dans une noix de beurre.

Faites suer dans un plat à four une carotte en rondelles, avec un oignon émincé, l'ail de la marinade, le tout dans le jus de celle-ci.

Préparez un bouillon de poule tout fait bouillant. Déposez les joues sur la préparation ci-dessus, mouillez de bouillon. Laissez mijoter dans le four durant 2 heures thermostat 5.

Servez avec des lentilles vertes du puy, ou avec des pommes de terre revenues à la poêle.

Fromage de tête de Mamie Cécile aux 4 épices

Nettoyez la tête en entier, après en avoir retiré la cervelle. Museau, oreilles, tout doit être net. Laissez la langue en place.

Sciez la tête en deux dans le sens de l'épaisseur.

Préparez un court bouillon à base de vin blanc (Saumur) de légumes (carottes, navets, poireaux) d'épices (4 épices, poivre en grains, girofle, bouquet garni).

Dans le bouillon, posez les deux parties de tête, couvrez, laissez cuire 5 heures.

Une fois la tête cuite, les chairs se retirent des os avec facilité, et vous vous mettrez sur une grande planche de bois pour la désosser entièrement. Découpez en morceaux grossiers les viandes, la langue, le gras.

Préparez un hachis de persil et de gousses d'ail.

Déposez dans une grande terrine chaude la viande et le hachis mélangés, salez, poivrez. Mélangez en ajoutant quelques cuillères du bouillon. Répartissez ce mélange dans les terrines en couvrant

Mettez des poids sur les couvercles pour éliminer par pression l'air et l'eau Laissez reposer au frais vingt quatre heures minimum.

Le fromage de tête se conserve très bien une fois entamé au frigo. Et peut supporter des séjours de longue durée au congélateur.

De Vouzon : Petite commune solognote, doit reconnaissance à l'andouillette créée par la charcuterie Julien. Grande finesse de la viande et délicat parfum d'épices.

De Troyes : La plus célèbre, les gastronomes estimant que Troyes est le haut lieu du genre. On n'y met que du porc, avec des épices, et son goût se veut prononcé.

Du Périgord : Dans cet univers de bon vivants, on adore l'andouillette qui se fait principalement avec de la panse de porc. C'est du bon gras, et ça se digère !

De Rouen : En terre de bonnes andouilles, on fait de bonnes andouillettes. On y mélange l'intestin de porc, découpé en fines lamelles, avec des entrailles de veau.

De Provence : Des tripes, du collier de porc, le tout pané, avec de l'ail et bien entendu des herbes venues des prés odoriférants. Un régal !

Grand-Mère et ses recettes de Pâques

La "reine" de la basse-cour

Une des fonctions primordiales et incontestées de la femme à la campagne était la gestion et l'entretien de la basse-cour. Ma grand-mère en était la "reine" absolue. Même le coq, pourtant si fier, lui montrait sa soumission en s'éloigant à son approche.

A la maison, la tradition voulait que lorsque l'on tuait un poulet, un canard, ou un lapin, on prépare la sanguette.

Il fallait récupérer le sang de la volaille ou du lapin au moment de la saignée. Mélanger avec un peu de vinaigre (environ 1/2 verre). Faire dorer des oignons émincés dans du beurre, ajouter un peu de farine. Délayer avec le sang, laisser cuire jusqu'à épaississement. Saler, poivrer, saupoudrer de persil haché. Et vous aviez là un délice dont le goûteux le disputait à la simplicité.

Terrine de foies de volailles

pour 8 personnes

800 g de foies de volaille
150 g de lard gras
1 oignon, thym, laurier
Sel, poivre, noix de muscade
1 dl de vin de noix
3 œufs
50 g de beurre
Bardes de lard

Nettoyez soigneusement les foies afin de les débarrasser des traces de fiel. Coupez le lard en dés. Pelez et hachez l'oignon.

Faites fondre le lard dans une poêle, ajoutez l'oignon, le thym, le laurier et laissez cuire à feu doux pendant quelques minutes. Ajoutez les foies et faites revenir pendant 3 à 4 minutes.

Égouttez le tout, arrosez de vin de noix et laissez mariner deux heures.

Passez ensuite au hachoir à viande. Assaisonnez et mélangez le hachis de foies aux jaunes d'œufs, au beurre ramolli, puis aux blancs d'œufs montés en neige.

Tapissez une terrine de bardes de lard, remplissez avec la préparation, couvrez et faites cuire au four (200°) et au bain marie pendant 1h30.

Œufs frits au vin

4 œufs
5 oignons blancs
2 poireaux
3 gousses d'ail
2 verres de vin rouge
1/2 verre de bouillon de volaille
Farine, graisse d'oie, sucre en poudre
Bouquet garni, tranches de pain

Faites flamber 2 verres de bon vin rouge. Prenez 5 oignons blancs émincés, les poireaux que vous couperez en rondelles et faites-les revenir dans de la graisse d'oie. Saupoudrez de sucre en poudre. Ajoutez-y une cuillère de farine, le vin, un demi verre de bouillon et un bouquet garni. Laissez mijoter pendant une heure.

Aillez des tranches de pain grillées, puis faites frire les œufs. Pour cela, faites chauffer 2 cuillères à soupe d'huile et cassez-y les œufs quand l'huile est bien chaude. Le plus délicat à présent est de retourner les œufs sur eux-mêmes sans les percer.

Pour finir déposez les œufs sur le pain grillé et aillé et versez la sauce chaude tout autour.

Pâques

De même que Carnaval marquait la fin de l'hiver, les fêtes de Pâques marquait le renouveau printanier. Elles ont aujourd'hui perdu l'essentiel de leur signification ; tout au plus subsiste-t-il des anciennes coutumes celle de caches dans le jardin des œufs en chocolat que chercheront les enfants ; encore faut-il que l'on ait un jardin ; mais du temps où la France était majoritairement rurale - c'était encore vrai il y a un demi-siècle - les fêtes pascales étaient dans nos campagnes un moment essentiel de l'année.

Le jour des Rameaux, par exemple, tous les hommes des villages allaient à la messe. Pour beaucoup, c'était l'unique fois de l'année où ils fréquentaient l'église, car même pour les enterrements, après avoir, de la place, regardé entrer le cercueil, ils se réfugiaient dans la buvette la plus proche. Il y avait toujours et partout une

buvette proche et célébraient à leur manière, en buvant quelques chopines, les mérites du défunt, guettant la sortie de l'office pour rejoindre le convoi funèbre ; mais, le dimanche des Rameaux, c'était sacré : ils assistaient à la messe. Vous savez sans doute que le prêtre procède à la bénédiction des rameaux, des rameaux de laurier que l'on apporte, la coutume a subsisté mais autrefois, c'était à qui apportait le plus grand laurier, presque un arbre que l'on sciait à la base, comme on le ferait d'un sapin de Noël aujourd'hui, et l'église bruissait du feuillage agité et s'emplissait de l'odeur forte du laurier : ce n'était plus un lieu culte, mais une véritable forêt. Après quoi, le laurier, que la bénédiction avait doté d'un certain nombre de vertus protectrices, était dépouillé de ses branchettes qui étaient réparties un peu partout : derrière les crucifix qui ornaient les chambres de la maison, souvent aussi aux portes des granges et des étables. Ils protégeait de l'orage, du

Confit de foies de volailles

Pour 6 à 8 personnes

1 terrine ovale contenance 1,200 kg
550 g de foies de volaille
600 g de poitrine de porc fraîche
1 petite cuillère à café de sel et poivre
1 pincée de muscade rapée
1 pincée de thym en poudre
1 pincée de laurier en poudre
1/2 cuillère à café de 4 épices
2 gousses d'ail, persil frais
1/2 verre à moutarde de vin de noix (ou porto)
1 œuf
Thym, laurier en branche
1 crépine

Faîtes hacher par votre boucher les foies et le porc.

Mettez les viandes, arrosées de vin de noix, dans un grand saladier. Placez-le au frais 1/2 heure.

Puis ajoutez, en mélangeant bien, le sel, le poivre, la muscade, le thym et le laurier en poudre, ainsi que les 4 épices, l'ail et le persil finement hachés, puis l'oeuf.

Mêlez intimement le tout et goûtez pour vérifier l'assaisonnement.

Tapissez le fond et le pourtour de la terrine avec la crépine. Tassez le hachis à l'intérieur jusqu'à 1/2 cm du bord. Disposez sur le dessus des brindilles de thym et des feuilles de laurier. Couvrez. Faîtes cuire le confit à four chaud et au bain-marie, thermostat 6 (200°) pendant 1h30.

Laissez la terrine refroidir avant de la mettre au réfrigérateur.

Consommez-la 48 heures plus tard.

Servez avec des cornichons et une salade verte.

Œufs au vert

Œufs
Pousses d'aillet
Oseille fraîche, ciboulette, sel, poivre
Mayonnaise, feuilles de salade

Faites cuire les œufs durs. Coupez les œufs en deux, dans le sens de la longueur.

Ecrasez le jaune dans une assiette creuse avec les premières pousses d'aillet, de l'oseille fraîche et de la ciboulette, sel, poivre et mayonnaise.

Farcissez les moitiés de blanc d'œuf avec la préparation.

Servez frais sur quelques feuilles de salade.

Pâté de Pâques à l'Angevine

Ce pâté, rituel au repas pascal,
est une pièce imposante, à couper en tranches.
Traité en chaussons individuels,
il devient une petite entrée agréable
et légère.

Pour la pâte :

250 g de farine
110 g de beurre
75 g de chèvre non affiné,
salé et égoutté depuis environ 4 jours.

Pour la farce et la cuisson :

75 g de gorge de porc
75 g d'épaule de veau
75 g d'épaule de mouton
1 petit oignon
3 branches de persil
6 oeufs
Sel, poivre, noix de muscade, huile

Préparez une pâte feuilletée à six tours en utilisant pour le tournage, au lieu de matière grasse seule, le beurre intimement malaxé avec le chèvre émietté.

Faites la farce :

Hachez ensemble le porc, le veau, le mouton, l'oignon et le persil. Incorporez un jaune d'oeuf, sel, poivre et un soupçon de noix de muscade râpée.

Faites durcir les 4 œufs. Abaissez la pâte à 2,5 mm d'épaisseur. A l'emporte-pièce, découpez 4 ovales de 16 cm environ de longueur, assez larges. Sur chaque morceau de pâte, étalez sur une moitié le quart de la farce, posez dessus 1 œuf dur. Ramenez la pâte libre, soudez hermétiquement en videlant.

Dorez la surface à l'oeuf battu, posez sur une plaque légèrement huilée.

Faites cuire 20 minutes à four moyen.

feu, des sortilèges. Ils servaient enfin à asperger les défunts avant leur départ pour le cimetière.

Il y avait beaucoup d'autres traditions, toujours en rapport avec l'idée du renouveau,

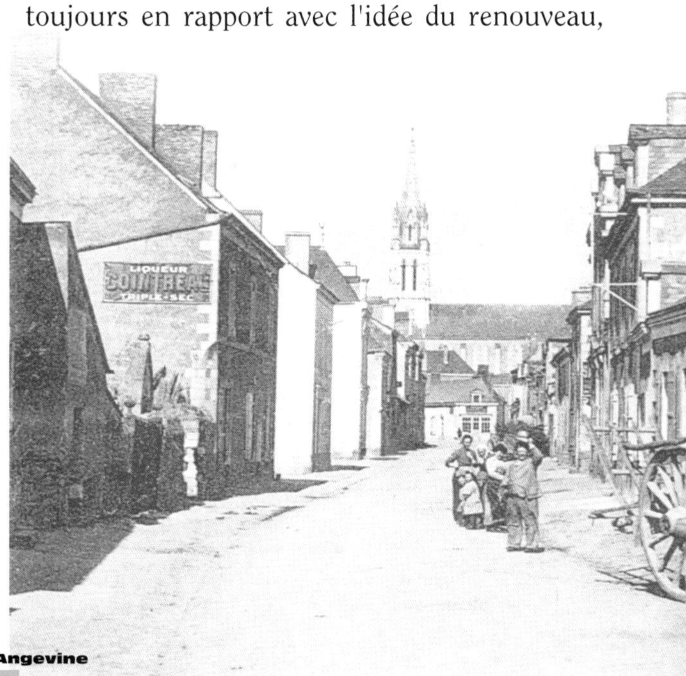

Cliché Gaillard

Poulet en barbouille

1 poulet dodu d'environ 1,500 kg.
Vinaigre de vin, 50 g de beurre
2 carottes, 2 oignons
5 cl d'eau de vin
1 litre de vin rouge corsé
1 bouquet garni, sel, poivre.

Saigner le poulet pour le tuer, en récupérant le sang et en lui mêlant immédiatement une goutte de vinaigre pour qu'il ne coagule pas. Plumer, vider, couper en morceaux.

Dans une cocotte, sur feu moyen, dans le beurre, faire revenir les morceaux de volaille sans attendre, sur toutes leurs faces. Ajouter les carottes et les oignons grossièrement coupés, arroser avec l'eau de vie enflammée. Lorsqu'elle s'éteint, mouiller avec le vin, ajouter le bouquet, sel et poivre, laisser cuire 30 à 40 minutes selon la tendreté du poulet et la grosseur des morceaux.

Retirer la volaille et les légumes, les mettre dans un plat maintenu au chaud. Verser le sang dans un saladier, le fouetter en lui incorporant peu à peu le fond de cuisson, mais ne pas verser le sang dans la cocotte. Cela est très important pour ne pas grumeler la liaison.

Pour servir, passer la sauce au chinois sur les morceaux de poulet.

qui s'attachaient au temps de pâques. Il fallait, par exemple, veiller à toujours sortir, ce dimanche là, avec, sur soi, quelque chose de neuf, une chemise, un chapeau, par exemple, pour les

Poulet à l'Angevine

Pour 6 personnes

1 poulet
1 verre de vin blanc
1 verre de fond de veau (ou de bouillon)
2 ou 3 citrons
Carottes, pommes de terre,
Thym, laurier, estragon
Sel, poivre, beurre, huile, crème fraîche

Coupez le poulet en morceaux. Frottez les morceaux au citron. Faites chauffer un mélange d'huile et de beure dans une cocotte et faites-y revenir les morceaux de poulet. Lorsqu'ils sont saisis, ajoutez les carottes coupées en rondelles et les pommes de terre pelées et coupées en quartiers.

Arrosez avec lc vin et le fond de veau (ou le bouillon). Mettez les aromates (thym, laurier et estragon), assaisonnez et laissez mijoter 45 minutes. Liez avec la crème fraîche, que vous mélangez à la sauce en fin de cuisson.

Ajoutez un peu de jus de citron au moment de servir.

Canard farci

Pour 8 personnes

1,500 kg de canard

Farce :

200 g de foies de volaille hachée
200 g de graisse de canard
150 g de champignons citronnés et hachés
300 g de raisins épépinés et hachés
3 dl de crème fraîche
5 cl de Cognac et 1 dl de Noilly
2 blancs d'oeufs en neige
5 litres de gelée pour la cuisson

Mousse au canard :

50 g de chair de canard
50 g de crème fraîche
50 g de foies de canard
Sel et poivre de cayenne

Préparez la farce :

Mélangez volaille, champignons, graisse de canard, raisins, Cognac et Noilly.

Assaisonnez, ajoutez la crème fraîche à demi fouettée et incorporez les blancs à la spatule doucement.

Désossez le canard :

Incisez la poitrine en deux.

Ensuite faites attention de ne pas percer la peau afin de reconstituer le canard.

Garnissez le canard de la farce.

Enveloppez-le dans un linge, ficelez-le aux deux extrémités et pochez le canard dans la gelée (1 h 15) et laisser refroidir dans la gelée.

Retirez le linge. Epongez le canard, ensuite l'envelopper avec un autre linge mouillé à l'eau chaude.

Laissez au frigo pendant une nuit.

Dressage :

Le fond du plat est recouvert de gelée.

Faites prendre au frigo.

Ensuite posez une moitié de canard coupé en tranches et nappé de gelée.

L'autre moitié du canard sera décoré avec divers motifs.

Garnissez les raisins de mousse de canard et dresser autour du plat.

moins riches, la tenue complète, de la tête au pieds pour les plus aisés : on entrait ainsi, renouvelé, dans une période nouvelle.

La maison aussi faisait l'objet de nombreux soins : c'était le grand nettoyage de printemps. Chez les gros propriétaires, on s'affairait : on lavait les rideaux, on cirait parquets et meubles. On dépoussiérait tout, à commencer par le dessus des armoires et, chez les plus modestes métayers, qui n'avait guère de meubles, pas du tout de rideaux et qui marchaient sur la terre battue on donnait, suivant l'expression consacrée, un coup de badigeon sur les murs. il n'y avait bien entendu pas de grandes surfaces consacrées au bricolage : il existait certes des droguistes, mais c'était dans les villes, alors on se rendait chez le maçon le plus proche qui avait en permanence une barrique pleine de chaux éteinte, blanche et crémeuse à souhait : on s'en faisait donner un demi-seau. C'était pour rien, ou quasiment - on diluait dans beau-

coup d'eau, cela devenait tout liquide et presque transparent, et l'on badigeonnait bravement avec le gros pinceau : une fois secs, les murs avaient retrouvé pour quelques mois une blancheur éclatante ; bien sûr c'était un produit un peu fruste, ce badigeon rustique : il s'écaillait facilement ; il blanchissait les vêtements de qui s'y frottait, mais, pour l'éclat, on n'a jamais fait mieux.

Il y avait aussi je l'ai gardé pour la fin, pour la bonne bouche, comme on dit dans notre pays de haute gastronomie, enfin : pour la bonne bouche, c'est plutôt une façon de parler il y avait le nettoyage intérieur. Les lecteurs pieux penseront tout de suite à la confession : "Tous tes péchés confesseras, à tout le moins une fois l'an" oui, bien-sûr, mais cela c'était plutôt pour les femmes, car les hommes, vous l'avez vu, étaient moins portés sur la religion.

Alors, les hommes ? Eh bien, à l'approche du

La compote de poulet et de lapin au cidre

Pour 6 personnes

1 gros râble de lapin, 1 poulet de 1,800 kg
1 morceau d'épaule de veau de 500 g
1 pied de veau
1 bouteille de cidre
3 échalotes
100 g beurre, sel, poivre
4 épices, thym, laurier

Découper le poulet et le veau, couper le râble du lapin en morceaux.

Eplucher les échalotes, les couper en rondelles. Faire revenir et blondir les morceaux de poulet, veau et lapin dans une cocotte. Saler, poivrer, ajouter une pincée de 4 épices, mélanger. Verser les 3/4 du cidre, ajouter les échalotes, le pied de veau blanchi, coupé en 4, 2 feuilles de laurier et une branche de thym.

Laisser bouillir 15 minutes à découvert, puis fermer la cocotte et laisser cuire à petit feu, 2 petites heures.

Quand la compote de poulet et de lapin est bien cuite, vous pouvez la déguster chaude, la sauce liée de crème, relevée de moutarde douce et blonde ou enlevez les os, qui se détachent d'eux-mêmes et tassez le tout dans une terrine, vous la servirez le lendemain, prise dans une gelée.

Lapin en civet de Jacqueline Sauret

Pour 6 personnes

1 lapin d'1,5 kg, 150 g de lard fumé
2 oignons, 5 échalotes
3 carottes, 1 gousse d'ail
1 branche de céleri, 2 cuillères de saindoux
1 bouquet garni, sel, poivre

Salez et poivrez le lapin coupé en morceaux. Pelez les carottes et coupez-les en petits morceaux. Taillez le céleri en petits carrés. Epluchez et coupez en lamelles les oignons, les échalotes et la gousse d'ail.

Faîtes chauffer le saindoux dans une cocotte. Faîtes dorer les morceaux pendant 10 minutes.

Ajoutez les lardons. Faîtes cuire à feu moyen pendant 5 minutes. Réservez le lapin et les lardons.

Faîtes revenir, dans la cocotte, les carottes, oignons, échalotes et l'ail. Laissez cuire 10 minutes. Ajoutez le lapin, les lardons et le bouquet garni. Mouillez, couvrez et laissez mijoter à feu moyen 1 heure 15.

Foies de volailles aux herbes et aux épices

Pour 4 personnes

400 g de foies de volaille
50 g de lard fumé, 30 g de beurre
Sauge et romarin frais, ou les mêmes herbes séchées et trempées dans du jus de citron
1 pincée de poivre de Cayenne, 1 poivron
Tomates confites en purée (2 cuillères à soupe)
1 cuillère à soupe de xérès
1 cuillère à soupe de fécule de pommes de terre
Poivre, sel

Lavez les foies de volaille, coupez-les en deux et les laver une nouvelle fois. Laissez-les sécher sur du papier absorbant. Salez.

Faites fondre le beurre, émincez le lard fumé et faites-le revenir dans le beurre. Introduisez les foies dans la poêle et laissez-les dorer en les retournant régulièrement. Baissez le feu et ajouter les herbes.

Lavez le poivron. Retirez-en les pépins et les membranes intérieures et coupez-les en dés. Ajoutez ceux-ci dans la poêle ainsi que le poivre, la purée de tomates et le xéres. Recouvrez partiellement les foies d'eau bouillante. Couvrez la poêle et laissez doucement mijoter le tout pendant 7 minutes. Délayez la fécule de pommes de terre dans un peu d'eau. Liez la préparation avec ce mélange; elle doit prendre la consistance d'une sauce. Retirez la feuille de laurier et rectifiez l'assaisonnement avec du poivre et du sel.

Servez les foies de volaille avec du riz, des haricots, des pois cassés...

Gras-double à la Trélazé

Pour 4 personnes

1 kg de gras-double, 4 gros oignons pelés
75 g de beurre
1 bon verre de vin blanc d'Anjou
Sel, poivre, persillade

Choisissez du gras-double mélangé (épais, mince et feuillet) bien cuit; émincé-le et faites-le sauter dans du beurre sur feu vif.

Emincez les oignons, faites-les revenir dans du beurre, lorsqu'ils sont bien dorés, incorporez-les au gras-double, salez, poivrez, ajoutez la persillade, déglacez avec le vin blanc, rectifiez l'assaisonnement, faites réduire quelques minutes et servez dans un plat à gratin. (Pour déglacer, versez le vin dans la sauteuse et grattez bien le fond avec une cuillère en bois pour récupérer le fond de cuisson).

SAUMUR - Le Marché couvert - Vue Intérieure

temps de Pâques, les pharmaciens et leurs préparateurs que l'on appelait familièrement des potards s'affairaient à remplir de poudre blanche de petits sachets faits d'une simple feuille de papier artistiquement pliée en forme d'enveloppe, et ils saupoudraient, et ils pesaient, et ils pliaient, et les sachets s'empilaient et les tas s'arrondissaient.

Le jour du marché, on faisait queue devant la pharmacie. Remarquez bien que ce jour là, il y avait toujours du monde en temps ordinaire, car on consultait presque toujours le pharmacien avant de déranger le médecin : forcément, chez le premier, si les médicaments étaient payants, la consultation, elle, était gratuite et comme la sécurité sociale n'existait pas encore... Le pharmacien, c'était en quelque sorte l'aiguilleur de la santé publique. Mais revenons-en au temps de Pâques où il y avait foule dans les pharmacies. Les clients entraient à la queue-leu-leu et ils demandaient presque

tous la même chose : "je voudrais du sulfate de soude et du sulfate de magnésie". C'était par deux, ou quatre ou dix paquets suivant l'importance de la famille. De retour au logis, on versait dans une bouteille d'eau un sachet de l'un, un sachet de l'autre et on secouait : c'était pour chacun l'unique boisson du lendemain une purge terrifiante : dès les premières gorgées, le père lâchait bêche ou râteau et courait vers l'ombre protectrice de la haie la plus proche pour y poser culotte, comme on disait pudiquement, la mère abandonnait poêle ou toupin pour se précipiter vers le fond du potager, et le grand père, et la grand mère, oh là, cela dépendait de leurs jambes…

Pâques passées, la maison propre, protégée des coups du sort par le rameau béni, la famille remise à neuf pouvait aborder sereinement les travaux de l'été.

Le pot au feu de dinde au chou farci

Pour 6 personnes

6 cuisses de dinde
500 g. de poitrine fumée
1 os de veau
500 g. de carottes
2 poireaux
2 oignons piqués de 2 clous de girofle
Thym
Laurier
Sel
Poivre

Chou farci :

1 chou vert
150 g de riz
3 œufs durs
250 g de chair à saucisses
1 œuf cru
100 g de beurre
Ail
Persil
Sel
Poivre
Vin blanc
1 crépine

Epluchez, lavez, égouttez et coupez les carottes et les poireaux; épluchez les oignons et piquez-les de clous de girofle.

Faites bouillir 2 litres d'eau salée, ajoutez les légumes et les aromates. Laissez bouillir 20 minutes, plongez les cuisses de dinde, laissez bouillonner 1 heure.

Faites blanchir et ajoutez la poitrine fumée.

Nettoyez et parer le chou, faites-le cuire 15 minutes à l'eau salée.

Farce :

Faites cuire le riz 18 minutes, égouttez-le, hachez les œufs durs, les fines herbes et l'ail. Mélangez tous les éléments, lier la farce avec l'œuf cru, assaisonnez.

Etalez les feuilles de chou sur un torchon, posez deux cuillerées de farce, bien relevée, sur chaque feuille, roulez en boule, enfermez le chou farci dans les crépines.

Faites-les cuire doucement dans une sauteuse avec le beurre fondu. Couvrez, laissez cuire à petit feu 45 minutes en versant un peu de vin blanc dans la sauteuse. Servez les cuisses de dinde entourées du chou farci et de la poitrine fumée coupée en tranches.

Ne pas oublier des cornichons et la moutarde.

Grand-Mère et ses recettes de la chasse

LE GIBIER :

LA VOLAILLE :

A poils et à plumes, Grand-mère et la chasse

En bout de table, il y avait Grand-père, avec ses lorgnons sur le bout du nez. Il portait sa chemise de grosse laine à carreaux, son pantalon de velours tenu par une large ceinture de flanelle, et des bretelles. Nous, on regardait les yeux grands ouverts ce qu'il faisait, à la lueur de la lampe qui descendait du plafond sous son abat-jour de porcelaine à contre-poids.

Devant lui, il y avait un drôle d'ustensile, à mi chemin entre l'étau et le tourniquet, sur lequel il plaçait des tubes de carton de calibre 12. Il les sertissait alors lentement, un par un, prenant son temps, après avoir versé la poudre, la bourre, les grains de plomb de différentes grosseurs.

Lièvre au Saumur-Champigny dit "à la Jean Becquet"

1 bouteille de Saumur-Champigny rouge
1 lièvre avec son foie et son sang
1 cuillère à soupe de vinaigre de vin
2 oignons
2 clous de girofle
1carotte
2 échalotes,
1 bouquet garni
Poivre concassé
Farine
Huile,
25 g de saindoux
150 g de lardons maigres,
10 cl de crème fraîche
Sel, poivre noir

Dans un bol, mettez le sang du lièvre, que vous mélangez avec le vinaigre et le foie coupé en morceaux, puis réservez.

Découpez le lièvre en morceaux, posez le dans une terrine, couvrez avec le vin.

Ajoutez de l'huile, un oignon pelé et émincé, le second épluché entier piqué des clous de girofle, la carotte pelée coupée en rondelles, les échalotes ciselées, le bouquet garni, le poivre concassé. Mélangez bien, et laissez reposer au frais toute la nuit.

Egouttez les morceaux de viande, séchez les, puis farinez-les.

Versez la marinade dans une casserole, et faites la bouilir durant 10 minutes.

Dans une cocotte, faites rissoler les lardons dans le saindoux fondu.

Ajoutez les morceaux de lièvre dans la cocotte, faites les revenir sur tous leurs côtés.

Baissez le feu, versez sur la viande la marinade et tous les ingrédients, couvrez, faites cuire à feu doux 2 heures durant.

Passez au "mixer" le foie du lièvre avec le sang, et mélangez le tout dans une jatte avec la crème.

Sortez les morceaux de lièvre une fois cuits, égouttez les, disposez les sur un plat.

Versez le mélange sang et crème dans la cocotte en mélangeant bien, faites cuire le tout doucement 7 minutes en remuant sans arrêt et sans faire bouillir, salez, poivrez.

Passez cette sauce au chinois, et nappez en les morceaux de lièvre, puis servez chaud.

Équipage d'A

En ce temps là, on fabriquait soi même ses propres cartouches, autant par plaisir de le faire que par économie, car cela coûtait moins cher que les cartouches toutes faites.

On sentait un danger diffus, à cause de cette poudre noire explosive sentant le salpêtre, enfermée dans un bidon d'acier, à deux pas des flammes de la cheminée. Et puis aussi, parce qu'au milieu de la table, il y avait le fusil, cet engin de mort aux canons luisants de graisse, que Grand-père avait juste nettoyé avec un écouvillon. On devinait que c'était un de ses biens le plus précieux, à la manière dont il astiquait la crosse de noyer, dont il révisait le mécanisme.

Les cartouches une fois terminées, étaient rangées avec soin dans la cartouchière, cette ceinture d'alvéoles dont dépassaient les culs dorés des tubes. Leurs cartons étaient de toutes les couleurs, vives, bleues, rouges, vertes, permettant de les distinguer par grosseur de

La Curée à la Croix du Bois Maudet

plombs, et cela donnait envie de jouer avec. D'ailleurs, à la chasse, bon nombre de drôles suivant leur père ramassaient les tubes vides, pour les collectionner.

Pendant ce temps, grand-mère faisait sa vaisselle, épluchait ses légumes pour le manger du lendemain, ou tricotait. On entendait la radio dans son coin, avec des émissions qui feraient bien rire aujourd'hui les gens de la télé, et on lorgnait vers le paquet de gâteaux secs posé à côté de l'arme. Malgré la présence de cette dernière, malgré les accessoires à tuer qui se fabriquaient sous nos yeux, une paix tranquille nous envahissait, un bonheur d'enfance dont on se rappelle les images bien plus tard. Qui de nos jours serait assez fou ou aurait assez de temps pour faire lui-même ses propres cartouches ?

L'Anjou est une région de gibiers, parsemée de vertes prairies et de bois touffus. Un quart de la surface du Maine et Loire est couverte de forêts domaniales ou privées qui sont autant de

Garenne à l'embeurrée

Pour un beau lapin de garenne

150 g de poitrine fumée
800 g de chou vert, 1 oignon, 3 échalotes
100 g de crème, 70 g de beurre,
farine, thym, sel, poivre, huile, estragon

Lavez, effeuillez le choux, blanchissez le dans de l'eau salée. Egouttez et coupez le choux en lanières, réservez. Epluchez les oignons et les échalotes. Coupez en dés la poitrine, les oignons, les échalotes, réservez. Coupez le lapin en morceaux, salez le, poivrez, farinez.

Dans une cocotte ou sur une plaque à four, faites revenir les morceaux de lapin dans du beurre, ajoutez le thym, un peu d'estragon, puis enfournez à four chaud Th5. Laissez à cuire une heure durant, en retournant les morceaux, et en arrosant du jus de cuisson.

Dans une poêle, faites sauter dans du beurre, oignons, échalotes, poitrine. Ajoutez le choux en lanières, salez, poivrez, Ajoutez la crème et faites cuire à feu doux durant 30 minutes.

Servez les morceaux de lapin entourés d'embeurrée.

Chevreuil à la Saumuroise

Pour un kilo de chevreuil (dans l'épaule) coupé en gros morceaux, faire une marinade avec :

1/2 litre de Saumur-Champigny
1 carotte coupée en rondelles
1 gousse d'ail écrasée
Persil, 1 branche de romarin
4 baies de genièvre
2 cuillères à soupe d'huile, sel, poivre

Mélangez viandes et ingrédients dans un récipient et laissez mariner au moins douze heures au frais.

Ingrédients de cuisson

1 belle tranche de poitrine de porc
coupée en lanières
12 petits oignons blancs
2 cuillères de crème fraîche épaisse
1 poignée de pain rassis coupé en dés
1 verre à liqueur d'armagnac
2 cuillères de maïzena, sel, poivre, huile d'olive

Faites revenir dans une cocotte et dans de l'huile les dés de lard Ajoutez les morceaux de viande, faites saisir. Ajoutez deux verres de la marinade, l'armagnac, la crème. Salez, poivrez, mettez un peu de persil haché. Diluez dans de l'eau la maïzena, versez la dans la cocotte. Laissez mijoter le tout à couvert un quart d'heure.

Gibelotte à la Raboliot

1 beau lapin de garenne
Beurre, farine
1/2 bouteille de Vouvray blanc sec
250 g de lard maigre en morceaux
persil thym, laurier, sel, poivre, épices
12 petits oignons blancs
250 g de champignons de paris
le sang du lapin

Coupez votre lapin en morceaux, faites le revenir dans du beurre dans une cocotte. Une fois les morceaux dorés, saupoudrez de farine. Ajoutez le vin blanc.

Faites revenir le lard à part dans une poêle. Lorsque le vin bout, ajoutez le lard, persil, thym, laurier, épices, oignons. Laissez mijoter à feu doux en surveillant la cuisson.

Un quart d'heure avant la fin, ajoutez les champignons coupés en morceaux.

Juste avant de servir, retirez le persil, et mélangez le sang dans la sauce, en tournant à feu très doux.

NB: On peut ajouter des pommes de terre en légume d'accompagnement.

Grand Café

Râble de lièvre mariné au vin blanc d'Anjou

Pour 4 personnes

1 râble de lièvre
1 grand verre de vin blanc d'Anjou
1 verre à liqueur de cognac
1 verre à liqueur de madère
1 oignon et 1 carotte pelés, émincés
1 cuillère à soupe de gelée de groseille
2 cuillères à soupe de crème fraîche
Sel, poivre gris en grains, thym
1 barde de lard, 50 g de beurre

Faites une marinade avec le vin blanc, le cognac, le madère, l'oignon et la carotte coupés en rondelles, le thym, le sel et le poivre; mettez à mariner le râble de lièvre pendant 3 heures en le retournant de temps à autre.

Sortez-le de la marinade, essuyez-le; placez-le dans un plat à rôtir après l'avoir enduit de beurre et enveloppé dans la barde. Faites-le cuire pendant 10 minutes à four chaud, arrosez-le avec un verre de marinade chauffée en procédant petit à petit, par cuillerées à soupe; ajoutez la gelée de groseille et la crème fraîche, salez et poivrez après avoir goûté; laissez cuire encore 25 ou 30 minutes selon l'âge et la tendreté du lièvre.

terrains de chasse, et, si l'on en croit les écrits de René Bazin, celle de Chandelais (près de Baugé) étant « la plus étendue, la plus giboyeuse et la plus belle ».

On a toujours, de tous temps, chassé en Anjou. Lièvres, chevreuils, perdreaux sangliers y sont présents en abondance, ce qui a fortement influencé la cuisine locale. Toutes les grands-mères ont dans leurs cartons des préparations indispensables pour faire des repas d'après-chasse réussis. Elles en confient en ces pages quelques unes, souvent simples dans leurs apprêts, et délicieuses dans les assiettes.

Quelques réflexions de grand-mère sur le gibier :

Le sanglier est un porc à l'état sauvage, on l'accommode donc comme un porc. Mais il est

merce, Saumur

meilleur mariné durant quatre ou cinq jours.

Le chevreuil est toujours meilleur mariné. S'il y a des restes, servez les dans une sauce piquante ou poivrade.

Le cerf, le daim, la biche, se préparent comme le chevreuil.

Le lièvre des montagnes est meilleur que celui des plaines, le levraut est son petit.

Le lapin domestique doit avoir six mois avant d'être consommé. On doit essayer d'en récupérer le sang pour la sauce.

Les perdreaux se choisissent de préférence jeune. On voit leur âge à la première plume de leur aile qui doit être pointue à l'extrémité. Mais aussi à la fragilité de son bec qui doit ployer entre les doigts

On prépare le canard sauvage comme le canard domestique.

La poule d'eau ou la sarcelle se préparent comme le canard.

Restes de gibier

La meilleure façon
d'accommoder les restes
de perdreaux est de les mettre
en salmis avec ou sans truffes.
Les restes de faisans,
cailles, perdrix, bécasses
ou canards sauvages
se préparent aussi en salmis,
avec ou sans truffes,
mais aussi aux champignons,
puisqu'en Anjou on en trouve partout.

Salmis :

Avec la carcasse, le foie et l'intérieur restant, faites une pâte que vous délayez dans un bon vin rouge d'Anjou.

Ajoutez un demi verre de bouillon, mélangez bien le tout.

Passez au chinois, et versez cette sauce dans une casserole sur le feu avec du beurre, du sel, du poivre, un zeste de citron.

Faites cuire le tout à feu doux durant une heure.

Prenez les morceaux restant de votre gibier, faites les chauffer dans cette sauce sans bouillir. Vous pouvez lier à la fin de la cuisson avec un peu de beurre et une cuillère à soupe de fécule.

Dans un plat creux, disposez des tranches de pain grillés, placez la viande dessus, arrosez de la sauce.

Aux champignons :

Salez et poivrez vos restes de viande, et mettez les dans un plat à cuisson avec un morceau de beurre gros comme un œuf.

Faites les revenir à feu vif, puis retirez-les.

Préparez un roux pas trop foncé avec la sauce et de la farine, puis ajoutez des champignons émincés avec du sel, et du poivre.

Laissez cuire vos champignons (15 minutes environ) à feu doux en remuant souvent.

Ajoutez en fin de cuisson vos morceaux de viande, que vous laissez chauffer sans faire bouillir la sauce.

Servez dans un plat creux avec les champignons autour.

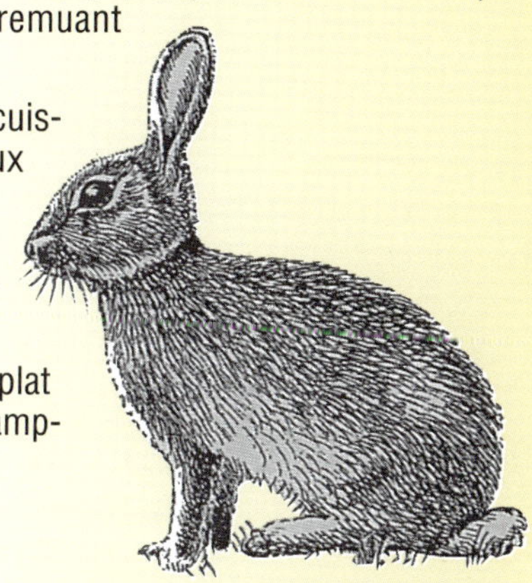

Perdrix à la Brissac

2 belles perdrix prêtes à cuire
200 g de poitrine de porc fumée
des fines bardes de lard gras
4 carottes, 2 oignons, 2 échalotes
1 petit choux vert frisé
huile, sel, poivre,
1 litre de bouillon de volaille

Préparez vos perdrix en les salant et poivrant dehors comme dedans, puis en les bardant avant de les ficeler. Coupez le lard en gros dés, et faites le cuire dans de l'eau bouillante durant 2 minutes, sortez le, épongez, réservez.

Préparez vos légumes: carottes en rondelles, oignons échalotes en morceaux, chou paré, blanchi dans une grande casserole, épongés, séchés, réservez.

Dans une cocotte en fonte, faire fondre de l'huile, y faire revenir les lardons, posez les perdrix pour les faire colorer en les retournant.

Ajoutez carottes, oignons, échalotes pour les faire revenir à leur tour.

Retirez les perdrix, déposez dans la cocotte la moitié des feuilles de choux en les mélangeant au reste, puis remettez les perdrix.

Couvrez les perdrix avec le reste de feuilles de choux, versez le bouillon de volailles, salez, poivrez.

Couvrez, laissez cuire doucement durant 2 heures.

Pour servir, sortez les perdrix, coupez les ficelles, retirez les bardes, disposez en morceaux sur un plat.

Egouttez les choux, mettez les sur un plat, déposez dessus le reste de la garniture, puis sur le tout les perdrix en morceaux, servez chaud.

Perdreaux truffés

1 perdreau pour 3 personnes
2 truffes de moyenne grosseur
250 g de chair à saucisse
Sel, poivre, épices, bardes de lard

Préparez votre volaille, plumée, vidée, flambée. Nettoyez bien vos truffes, puis épluchez-les. Hachez ces épluchures, mélangez les à la chair à saucisse. Coupez les truffes en rondelles, que vous incorporez dans la chair. Ajoutez sel, poivre, épices.

Faites cuire le tout dans une casserole à feu doux, un quart d'heure. Laissez refroidir la farce, puis garnissez votre perdreau avec. Glissez quelques tranches de truffe sous sa peau. Bardez votre volaille, cousez les ouvertures. Laissez reposer au frais 48 heures avant de la cuire à la cocotte ou à la broche.

Faisan, gelinotte, coq de bruyère et autres pintades rôtis à la manière de grand-mère

Tous ces volatiles ont en point commun de pouvoir se préparer de manière identique. Mieux vaut les prendre jeunes (on reconnaît par exemple le jeune faisan à ses ergots pas encore sortis, quel que soit l'âge) et la poule faisane est toujours meilleure que le coq.

Pour que l'animal soit bon, il vaut mieux le faisander ce que l'on reconnaît au ventre qui change de couleur. Il faut le

Les cailles de Baugé

Plumez, videz, flambez votre caille.

Couvrez la d'une feuille de vigne et enveloppez la dans une mince barde de lard.

Embrochez par le travers du corps, et faites cuire à feu vif une demi-heure.

Version chasseur :

Plumez, videz, flambez, deux cailles.

Mettez les dans une casserole avec un morceau de beurre, du persil, des échalotes hachées, une feuille de laurier, sel, poivre, épices.

Lorsqu'elles sont dorées, saupoudrez les de farine et mouillez avec un demi verre d'eau plus un demi verre de Saumur blanc sec.

Laissez cuire à feu moyen une demi-heure.

Servez dans un plat creux en arrosant de sauce, et en ajoutant le jus d'un citron.

Retirez le laurier, et mettez autour du plat quelques tranches de pain grillées dans du beurre.

Les cailles, comme les grives, ont une saison : septembre est leur meilleur mois, et c'est à ce moment qu'on les achète, faute de les avoir au bout du fusil, en les choisissant rondes et grasses.

plumer et le vider le jour même où il doit passer à la casserole.

Grand-mère prépare son faisan ou autre bête en le flambant, puis en l'enveloppant d'un papier beurré sulfurisé.

Elle le met ensuite à la broche, retire le papier au bout d'une demi-heure et laisse dorer doucement.

Elle arrose régulièrement avec le beurre fondu tombé dans le lèchefrite, tout en ajoutant à cette sauce un petit verre de vin de Madère.

Ensuite, elle fait rôtir quelques tranches de pain rassis qu'elle met dans le lèchefrite peu de temps avant de servir.

Après trois autres quarts d'heure de cuisson, le faisan est prêt. Elle le sert sur un plat, avec les tranches de pain autour, entre lesquelles elle intercale des ronds de citron.

Cuisses de col vert au Champigny

Pour 4 belles cuisses de canard
1 bouteille de Champigny
4 oignons, 2 carottes, 3 tomates
80 g de beurre 1 bouquet garni,
20 cl de sang de canard, huile, sel, poivre

Préparez les légumes, oignons émincés, carottes en morceaux, tomates pelées et concassées.

Dans un mélange d'huile et de beurre, faites revenir les cuisses de canard sur les deux faces, salées, poivrées

Ajoutez oignons et carottes, remuez, puis les tomates, puis le bouquet garni. Après avoir salé et poivré, ajoutez le Champigny, couvrez, laissez mijoter 1 h 1/2.

Sortez les cuisses, posez les sur un papier absorbant, réservez les au chaud. Faites réduire le fond de cuisson, incorporez le sang à feu doux en tournant au fouet. Ajoutez une grosse noix de beurre, rectifiez l'assaisonnement. Cette sauce sera versée sur les cuisses de canard.

Grand-Mère et ses recettes de champignons

Le roi de la cueillette : le champignon

Quels souvenirs, que ces départs au petit matin dans la brume fraîche. C'est qu'elle en connaissait des "endroits" ma grand-mère. Elle les tenait de son grand-père, qui, lui, les tenait de son père, qui, lui...

Le fameux champignon met sur les chemins forestiers toute une foule de passionnés, d'impatients, de gourmands, voire d'inconscients. Dès les premiers "symptômes, on pouvait rencontrer le mycologue averti, qui traque l'espèce rare, loupe en main, uniquement motivé par l'intérêt botanique, d'autres exerçant un commerce bien juteux. Tantôt quêteur averti, tantôt profane tombant par hasard sur le "bon coin", les "champignonneux" cherchent avant tout à se faire plaisir, à prendre un bol d'air en pleine nature et aussi, en fins gourmets, à déguster un petit plat aux senteurs et aux saveurs de nos forêts angevines.

La Soupe aux Cèpes

Pour 4 personnes

250 g de jeunes cèpes fermes
5 à 6 pommes de terre moyennes
1 jaune d'œuf
Crème, beurre

Préparez tout d'abord une classique soupe de pommes de terre.

Pour ce faire, épluchez les pommes de terre et mettez les à bouillir.

dans une grande casserole d'eau salée.

Cuisez-les jusqu'à ce qu'elles se défassent puis passez-les au moulin à légumes avec l'eau de cuisson.

Ajoutez beurre, sel et poivre, fluidifiez au besoin le mélange avec un peu d'eau.

Hâchez ensuite finement les cèpes à l'aide d'un couteau, liez-les à la crème et au jaune d'oeuf.

Ajoutez le beurre, mélangez le tout dans la casserole et laissez mijoter 7-8 minutes avant de servir.

St-Aubin-de-Luigné (M.-et-L.)
Pont sur le Layon

La tourte aux poireaux et champignons

Pour 4 personnes

1 pâte brisée
1 pâte feuilletée
5 blancs de poireaux coupés en rondelles
250 g de champignons de Paris émincés
125 g de crème fraîche
2 noisettes de beurre
Sel et poivre

Mettez les rondelles de poireau dans un plat accompagnés d'une noisette de beurre.

procédez de même avec les champignons et mettez le tout au four pendant 10 minutes.

Egoutez les légumes puis mélangez-les avec la crème fraîche, poivrez et salez légèrement.

Mettez la pâte brisée dans le moule et répartissez la préparation. Mettez ensuite la pâte feuilletée en couvercle.

Trempez une fourchette dans du lait et dessinez délicatement des vagues entrelacées sur le dessus de la pâte feuilletée, sans la trouer.

Préchauffez votre four à 180-200°C puis mettez-y la tourte jusqu'à ce qu'elle soit bien dorée..

Chez nous, partir à la recherche du champignon ne s'improvisait pas. On ne ramassait que ceux qu'on connaissait. Sur environ 3000 espèces, on dénombre une centaine de champignons réellement comestibles et une vingtaine véritablement dangereux. Il est donc frortement conseillé aux novices de se munir d'un bon guide ou de s'en remettre à des personnes compétentes comme le pharmacien le plus proche. Et, comme le dit le dicton populaire: "dans le doute abstiens-toi". Ne consommez jamais un champignon que vous ne connaissez pas et n'oubliez pas non plus qu'un champignon qui est comestible après cuisson peut être toxique lorsqu'il est cru.

Un équipement minimum était donc nécessaire, notamment un panier en osier pas trop encombrant. Une bonne paire de bottes en caoutchouc pour les sous-bois

humides et les prairies grasses ainsi qu'un imperméable en cas d'averse étaient de rigueur.

Tout d'abord, il faut savoir que les forêts ne sont pas les seuls sites à abriter des champignons, les prairies naturelles et permanentes, les parcs paysagers, les pelouses, les fossés, les bords de route recèlent de nombreuses espèces de très bonne qualité. Malheureusement, les prés naturels ont tendance à reculer au profit de cultures annuelles, utilisant engrais et traitements chimiques qui éliminent les champignons. Pour être favorable au mycelium, le sol ne doit pas être travaillé, mais seulement pâturé par les animaux qui seuls apportent de l'engrais. Le rosé des prés ou agaric des champs est un champignon blanc dont le chapeau, lisse au début, s'écaille peu à peu, avec des lamelles roses vif qui virent au noir en vieillissant.

Terrine aux girolles du Roi René

Pour 4 personnes

A préparer la veille

100 g de pieds de mouton, 100 g de girolles
150 g de trompette de la mort
300 g de mousse de foie d'oie mi-cuite
8 feuilles de gélatine
50 cl de vin de Meursault
sel, poivre du moulin

Lavez et égouttez rapidement les champignons après avoir ouvert en deux trompettes et girolles pour éliminer le sable, épongez-les. Émincez les pieds de mouton. Dans une casserole inox ou émail, portez à ébullition le Meursault, salez et poivrez, ajoutez la gélatine trempée 5 mn à l'eau froide, puis les champignons, cuisez couvert à feu doux 5 mn. Égouttez les champignons sur un saladier. Dans la cuisson recueillie, ajoutez la mousse de foie d'oie, passez au mixer, rectifiez l'assaisonnement, puis reversez les champignons dans le liquide. Garnissez une terrine de ce mélange. Tassez légèrement avec une fourchette, laissez reposer une nuit au réfrigérateur.

Accompagnement :

1 échalote grise ciselée très fine
6 grains de poivre blanc moulus fins
1 cuillère à soupe de moutarde
3 cuillères à soupe d'huile de noix
Sel gris du moulin

Émulsionnez bien le tout.

Coulemelles braisées

Quelques coulemelles ouvertes mais assez jeunes
Beurre frais
Sel, poivre, crème fraîche

Détachez les pieds qui sont coriaces et réellement immangeables. Grattez légèrement les chapeaux.

Préparez un lit de braise dans la cheminée, posez les chapeaux des coulemelles retournés sur la braise, après avoir mis sur les lamelles une grosse noix de beurre. Salez, poivrez et laissez griller.

Surveillez constamment la cuisson et retirez les champignons dès que la chair est cuite, avant qu'elle ne se racornisse.

Ajoutez sur chaque chapeau une cuillère à café de crème fraîche, attendez 2 à 3 minutes puis servir.

Croûte au fromage et aux champignons

Pour 6 personnes

6 larges tranches fines de pain de campagne
400 g au moins de champignons
(rosés, pieds de mouton, cèpes, girolles, mousserons, trompettes de la mort...)
250 g de gruyère
2 grosses cuillères à soupe de crème fraîche double, 100 g de beurre
1/2 verre de vin blanc sec (Sauvignon)
1 cuillère à soupe de ciboulette ciselée
Sel, poivre, paprika

Faites suer les champignons coupés en lamelles dans une poêle sèche. Jetez l'eau et remettez sur le feu avec du beurre. Laissez cuire en remuant pendant 5 minutes. Ajoutez le vin blanc, sel, poivre, une pointe de paprika, la crème fraîche, laissez cuire encore 2 minutes.

Sortez du feu et ajoutez toujours en remuant le fromage et la ciboulette. Votre préparation doit avoir la consistance d'une pâte crémeuse.

Tartinez votre pain préalablement grillé, repassez le tout sous le grill, et surtout servez très chaud.

Cette recette, accompagnée d'un petit vin blanc sec, etait très appréciée par les chasseurs après une dure journée de chasse.

Cèpes en omelettes

Pour 6 personnes

7 à 8 oeufs, 6 cèpes
Des petits croûtons de pain frais sautés au beurre
Persil, 1/2 gousse d'ail
sel, poivre
1/2 verre de lait, beurre

Séparez les jaunes des blancs d'oeufs. Battez légèrement les blancs. Délayez les jaunes avec le lait.

Salez, poivrez et mélangez le tout dans un grand saladier.

Hachez finement les queues des cèpes et ajoutez-les à la préparation.

Coupez les cèpes en tranches fines et passez-les à la poêle dans du beurre, sans les laisser roussir. Ajoutez-les dans le grand saladier ainsi que les petits croûtons bien grillés.

Mettez une noix de beurre dans la poêle et faites votre omelette. (Ne laissez pas mollir vos croûtons par un trempage trop long dans les œufs).

Ce champignon qui pousse dès le mois d'août est un comestible de premier choix à la saveur très fine, particulièrement appréciable avec une béchamel.

Sur les bas-côtés de la route, on traque le mousseron. Ce petit champignon de couleur jaune-brun, pousse aussi dans les pâturages ou sur les pelouses où on le trouve en groupe. Les anciens disent qu'une famille de mousserons pousse là où est tombée une bouse de vache. Le mousseron peut être consommé frais, mais c'est après avoir été séché, qu'il exhale encore le mieux son parfum.

Cependant, c'est en forêt que l'on va découvrir le plus d'espèces et pour cause: le sol inviolé et le terreau naturel formé par les feuilles mortes et les branches qui pourrissent et qui forment un milieu idéal pour les champignons. La diversité des espèces dépend de celle des essences d'arbres présentes. Les peuplements uniformes, telles que les pinèdes,

Cèpes farcis

Pour 4 portions

4 têtes de cèpes moyens
4 œufs
2 gousses d'ail pelées et hachées finement
200 g de jambon cuit, haché
Persil haché, huile d'olive
Sel, poivre du moulin

Dans une jarre, cassez les œufs, sans les battre. Salez, poivrez.

Evidez les têtes de champignons. Dans une poêle, chauffez 1 cuillère à soupe d'huile d'olive. Quand elle chante, faites-y revenir les champignons sur les deux faces (7 à 8 minutes). Retirez, égouttez, réservez au chaud. Dans la même poêle (ajoutez de l'huile si nécessaire), flétrissez l'ail. Dès qu'il est doré, baissez le feu et versez les œufs. Laissez cuire à feu très doux en remuant constamment et en raclant le fond à l'aide d'une spatule en bois. Dès que les œufs commencent à prendre, ajoutez le jambon. (On peut stopper la cuisson des œufs en ajoutant 1 cuillère à café de crème fraîche.) Hors du feu, ajoutez le persil, bien mélangez et faites farcir immédiatement les têtes de champignons. Servez chaud, surmonté éventuellement d'une queue de crevette fixée par une pique.

ne favorisent que les espèces infeodées à un type d'arbres précis, alors que des bois variés mêlant le bouleau, le chêne, le châtaignier et les conifères sont les mieux à même de produire de nombreux champignons au premiers desquels figurent le cèpe et la girolle. Les deux espèces les plus réputées sur le plan culinaire. Il existe une multitude de sortes de bolets (cèpes), mais peu d'entre eux sont dangereux (attention au bolet satan qui est un vomitif très puissant). La plupart, tout en étant comestibles, n'offre guère d'intérêt gastronomique, mais peut néanmoins gâter tout un plat de "bon cèpes". Les quatre réellement appréciables sont le cèpe de Bordeaux, le cèpe des pins, le cèpe d'été (tous trois quasiment semblables) et le cèpe bronzé, appelé aussi "tête de nègre" ou "gendarme noir", identifiable à sa couleur brun-noir. Les cèpes sont d'autant plus savoureux qu'ils sont jeunes, lorsque le pied est disproportionné par rapport au chapeau, leur donnant un aspect de

Les girolles sautées à la crème

Girolles
Sel, poivre, 1 gousse d'ail, du persil frais
2 à 3 cuillères d'huile, 40 g de beurre
1 petit pot de crème fraîche

Nettoyez les champignons en otant les parties terreuses et s'ils contiennent du sable passez-les dans une eau légèrement vinaigrée en les égouttant bien.

Versez 2 cuillères d'huile dans la poêle mise sur feu vif, ajoutez les champignons et leur laisser rendre leur eau. Dès l'opération terminée, versez-les dans une passoire pour éliminer l'excès d'huile.

Prenez une poêle épaisse ou, mieux, un poêlon, mettez-y le beurre et un peu d'huile, faites chauffer à feu doux, versez les campignons, ajoutez l'ail finement haché, couvrez, et laissez cuire 20 à 25 minutes à feu moyen.

Dans les 5 dernières minutes de cuisson, ajoutez le persil frais haché puis deux ou trois cuillères à soupe de crème fraîche.

Servez soit au naturel, soit en accompagnement d'un poulet rôti, ou d'une côte de bœuf.

Fricassée de champignons au poulet fermier

Videz votre panier, lavez et coupez en dés vos champignons, toutes variétés, enfin celles comestibles.

200g de poulet fermier par personne
2 ou 3 blancs de poireaux
1/2 poivron rouge, 1/2 vert
Une grosse poignée de ciboulette, autant de persil
2 cuillères à soupe de crème fraîche épaisse
2 jaunes d'oeufs
5 cuillères à soupe d'huile d'olives
1 jus de citron
3 gousses d'ail
Une poignée de têtes d'asperges
Sel, poivre, paprika

Détachez la viande des os. Broyez ceux-ci et faire bouillir 1/4 d'heure. Passez le bouillon et réserver.

Découpez la viande de poulet en gros morceaux.

Pelez l'ail et l'écraser. Coupez les poireaux et les poivrons en lamelles.

Dans une cocotte, mettez l'huile, faites colorer la viande, assaisonner. Ajoutez les poireaux, l'ail. Laissez colorer, et ajoutez un verre de bouillon. Couvrez et laissez cuire 10 minutes à feu très doux. Mettez dans une casserole le reste du bouillon avec la crème. Faites bouillir 5 minutes. Ajoutez le persil haché.

Enlevez poulet et légumes de la cocotte, mettez en attente dans un plat.

Versez les champignons dans la cocotte avec une cuillère d'huile d'olive.

Faites frire 4 à 5 minutes en remuant et remettre la viande et les légumes. Ajoutez les asperges.

Rectifiez l'assaisonnement, sel, poivre et paprika. Gardez à feu très doux.

Dans un bol, mélangez jaunes d'oeuf et la moitié du bouillon-crème. Faites épaissir à feu doux. Ajoutez la ciboulette et le jus de citron.

Disposez dans un plat de service et accompagnez de croûtons grillés.

"bouchon de Champagne". En vieillissant, la chair verdit et est souvent attaquée par les vers et les limaces. Le cèpe se rencontre quasiment partout, mais de préférence sous les chênes et les châtaigniers et pousse surtout à partir du mois de septembre même si l'on peut en trouver au printemps. Très connu des mycologues et des amateurs, le cèpe cache encore beaucoup de secrets. Pourquoi pousse-t-il abondamment certaines années (années à cèpes) et reste introuvable d'autres années? Universellement apprécié pour sa chair ferme et moelleuse, le cèpe sert de garniture à de nombreux plats cuisinés, mais il peut aussi se déguster seul, par exemple sauté à la poêle avec de l'ail et du persil.

Autre grand classique, la girolle ou chanterelle est un petit champignon de couleur jaune d'oeuf avec un chapeau bombé quand il est jeune et qui se creuse en entonnoir en vieillissant. La girolle peut pousser dès le mois de mai,

Aubergines farcies aux champignons

Pour 3 personnes

3 aubergines
200 g de champignons
2 cuillères d'huile
Ail
Persil
Ciboule
Sel,poivre

Coupez les aubergines en deux dans le sens de la longueur et enlevez une partie de la chair

de l'intérieur pour y placer la farce suivante:

Mettez dans une casserole une bonne cuillerée d'huile,laissez chauffer,ajoutez persil,ciboule,

ail,les champignons et la chair que vous avez enlevée de l'aubergine.

Hachez le tout,pas trop fin salez,poivrez.

Remplissez ensuite les aubergines,mettez-les dans un plat beurré allant au four ,

saupoudrez-les de chapelure,arrosez d'un peu d'huile.

Mettez à cuire 20 minutes à four chaud.

mais c'est surtout en automne qu'elle est abondante et je me souviens de cueillettes mémorables où il fallait se mettre à genoux pour les ramasser. La girolle est un excellent champignon qui a l'avantage de parfaitement se conserver et qui se prête à de nombreuses recettes. Mais quoi de meilleur que la traditionnelle omelette aux girolles ?

Proche parente de la girolle, la trompette de la mort (ou corne d'abondance) est un champignon gris-noir avec un chapeau tellement creux qu'il forme un véritable tube lui tenant lieu de pied. Dans les bonnes années, il n'est pas rare de découvrir des champs de trompettes sous les feuillus, le plus souvent des hêtres. Malgré son nom et son aspect pas encourageant, elle reste très appréciée des connaisseurs. Il convient cependant de ne pas en abuser sous peine de troubles gastriques.

Grillade de lactaires délicieux

Pour 4 personnes :

1,5 kg de lactaires délicieux, nettoyés et sans pied
4 pommes de terre taillées en tranches moyennes
2 boudins noirs taillés en rondelles épaisses
1 sauce vinaigrette largement additionnée
d'ail et de persil (1 dl d'huile d'olive
+ 2 cuillère à soupe de vinaigre de vin,
sel et poivre noir)

Préparez des braises en conséquence. Graissez la poêle et mettez-la à chauffer.

Alignez régulièrement : des rangées de champignons, chapeau tourné contre le fond de la poêle, des rangées de pommes de terre, une rangée de boudin. Arrosez largement de sauce vinaigrette.

Au bout de 6 min environ, retournez tous les ingrédients. Arrosez à nouveau de sauce et de jus rendu pendant la cuisson. Retirez lorsque pommes de terre et champignons sont bien tendres.

Servez immédiatement ce mélange tout chaud.

Grand-Mère et ses recettes de poissons

Au bout des gaules

Grand-mère ne pêche pas, laissant ce loisir à son homme. Quoi que. On a déjà vu des dames de tous âges au bord des rivières ou étangs, en train de se livrer aux mêmes plaisirs que leurs maris, et, comme dans bien des domaines, se révélant finalement supérieures à ces derniers.

Saumon de Loire au citron vert

1 saumon taille moyenne
4 citrons verts
10 cl d'huile d'olive
Ciboulette
Sel, poivre

Préparez les filets, et découpez des lanières de chair de 2 mm d'épaisseur, réservez.

Hachez la ciboulette lavée, pressez deux citrons, pelez les deux autres et découpez les en rondelles.

Dans les assiettes, dressez les lanières de saumon cru.

Versez dessus le jus de citron et de l'huile d'olive.

Salez, poivrez, ajouter la ciboulette.

Posez les rondelles sur le tout, mettez au frais.

Sandre aux champignons de couche et tagliatelles

Filets de sandre (comptez 180 g par personne)
400 g de champignons de Paris – de couche
400 g de pleurotes
huile de noix, crème fraîche
1 citron, vinaigre de vin blanc,
sel, poivre,
tagliatelles

Préparez les champignons, épluchés, lavés, faites les sauter à la poêle.

Mélangez 2 cuillères à soupe d'huile de noix avec 2 cuillères de crème.

Ajoutez à ce mélange le jus du citron pressé.

Egouttez les champignons cuits, versez les dans un saladier.

Versez sur les champignons la préparation.

Faites cuire vos filets dans du beurre dans un plat à four th 6 durant 10 minutes.

Faites cuire à côté vos tagliatelles.

Dans un plat creux, déposez vos filets, arrosez les d'un peu de vinaigre.

Ajoutez la sauce, puis servez avec des tagliatelles mélangées à cette dernière.

En Anjou, les rivières et les points d'eau abondent, remplis de poissons de toutes les sortes, sortis de la Mayenne, de la Sarthe, du Loir, de l'Authion, du Thouet… Inévitablement, ceux-ci sont destinés à terminer dans une casserole ou un four, préparés de multiples manières, selon des recettes plus ou moins anciennes.

Les trois Loire de l'Anjou

Le fleuve traverse sur 130 km la province de bout en bout, devenu patrimoine de l'humanité par la grasse de l'Unesco, et reconnu comme le « dernier fleuve sauvage d'Europe ».

On découvre la Loire d'abord entre Montsoreau et les portes d'Angers, majestueuse en son large cours, parsemée de petites îles,

bordée sur sa rive droite de la fameuse « grande levée d'Anjou » qui met sur trente kilomètres ses habitants à l'abri des inondations.

En aval d'Angers, le fleuve longe l'Anjou noir, passe à la Pointe, L'ile de Béhuard, Chalonnes, pour se découper en de multiples bras.

Enfin, il devient la Loire des Mauges, vers Montjean, Saint Florent le Vieil, faisant comme un dernier saut avant d'aller vers l'océan.

Tout au long, c'est le paradis, des oiseaux et des pêcheurs. Les poissons qu'on y trouve sont multiples, abondants en quantité comme en espèces, venus des différents affluents – 4.500 km en tout – qui se jettent dans cette immense masse d'eau, faisant des départements traversés les plus irrigués de France.

Carpe de Behuard

Béhuard, c'est la plus grande de toutes les iles de la Loire. C'est aussi une petite bourgade d'une centaine d'habitants (et de 107 ha de superficie) qui fait partie de la Communauté d'Agglomération du Grand Angers.
Construite sur le rivage sablonneuse de Savennières, Béhuard a toujours vécu au rythme des crus du fleuve, comme le prouvent une plaque posée à son entrée, indiquant les grandes dates du genre, ou les cotes d'alerte inscrites sur les murs de ses maisons.
Dire que tous ses habitants sont pêcheurs de vocation est presque un pléonasme, tellement ces derniers sont concernés par la vie du cours d'eau qui passe sous leurs fenêtres.
Les grands-mères de l'île ont leurs recettes, celle proposée ci-dessous faisant la part belle au vin rouge Champigny.

Une belle carpe écaillée, vidée
1/2 bouteille de Champigny rouge
2 cuillères d'huile du beurre
Farine,
200 g de champignons de couche
Persil, ciboulette
Sel, poivre
2 échalotes, une gousse d'ail

Dans une casserole, versez votre vin rouge. Ajoutez-y deux cuillères d'huile, un morceau de beurre mélangé à de la farine, remuez bien le tout.

Hachez menu l'ensemble le persil, la ciboulette, les échalotes, l'ail et les champignons, salez, poivrez.

Ajoutez cette préparation dans le vin, remuez, laissez cuire à feu doux 1/4 d'heure.

Découpez votre carpe en morceaux, puis incorporez les dans le vin en remuant. Laissez cuire à feu doux une bonne heure.

Si la sauce est trop liquide, épaississez là avec de la farine.

Servez chaud, avec en accompagnement, le reste de la bouteille.

Terrine du Brionneau

Petite rivière au nord ouest d'Angers,
le Brionneau regorge comme
les autres nombreux cours d'eau d'Anjou
de poissons de toutes sortes.
Une grand-mère de pêcheur a donc inventé
cette terrine, riche de ses chairs, agrémentée
comme il se doit par chez elle de champignons
de Paris. Un délice, un must diraient
les connaisseurs, bref,
une petite merveille culinaire.

500 g de filets de sandre
500 g de filets de saumon
200 g de champignons de Paris
3 œufs, 100 g de farine, 25 cl de lait, 70 g de beurre
2 échalotes, persil, 1 citron
25 cl de vin blanc de Saumur sec
1 citron, 30 cl de crème fraîche épaisse
huile, sel, poivre

Préparez soigneusement vos filets en retirant toutes les arêtes. Coupez la moitié de ces filets en morceaux, passez l'autre moitié au mixeur, réservez. Cassez les œufs en séparant le blanc des jaunes.

Faites chauffer le lait, puis mettez la farine dans un saladier. Dans la farine, faites un puits dans lequel vous versez les jaunes d'œufs, le beurre ramolli, du sel, du poivre, mélangez, et versez le lait chaud en filet tout en remuant. Versez cette pâte dans une casserole, allumez à feu doux, jusqu'à ce qu'elle se détache des parois. Mettez cette pâte sur une plaque à pâtisserie huilée, puis laissez refroidir.

Préparez les légumes : persil ciselé, échalotes émincées, champignons épluchés. Hachez grossièrement les champignons en les citronnant.

Dans une poêle faites sauter champignons et échalotes durant quelques minutes. Retirez, puis dans la sauce de cuisson faites revenir les morceaux de poisson.

Réservez, et déglacez avec le vin blanc, puis faites réduire. Remettez dans ce jus les morceaux de poisson et les champignons, ajoutez le persil, mélangez bien, éteignez. Coupez la pâte froide en dés, et dans un saladier mélangez celle-ci avec la purée du poisson en incorporant les blancs d'œufs.

Passez au mixeur, puis ajoutez le tout au contenu de la poêle. Mélangez, incorporez ensuite la crème, rectifiez l'assaisonnement.

Beurrez un moule à terrine ou à cake. Versez-y la préparation, en lissant bien le dessus, couvrez.

Posez la terrine dans un grand plat creux allant au four. Versez de l'eau bouillante dans ce plat, puis mettez le tout au four durant 1 h 30.

Servez la terrine dans son moule.

Les conseils de grand-mère

La première qualité du poisson doit être sa fraîcheur. Bien entendu, lorsqu'il vient de la pêche de grand-père, le problème ne se pose pas. Mais grand-mère ne vit pas uniquement pour sa cuisine des ressources de son homme, et doit donc parfois faire son marché.

La recette est simple : l'œil doit être brillant, les ouies rouge clair ou grises à bords rosés. On doit se méfier d'un poisson lavé, ainsi que des ouies trop rouges.

Tous les poissons se vident, s'écaillent ou se dépouillent. On peut laisser les œufs ou la laitance, souvent appréciés des gastronomes.

On doit conserver le poisson dans un endroit frais, et l'essuyer plutôt que le laver.

Les poissons d'eau courante ont meilleur goût que ceux des étangs, qui sentent souvent la vase.

Saumon de la Loire à l'Aubance

Ici, deux produits phares se marient pour le plus grand bonheur des papilles. Le saumon, c'est le roi des poissons, du moins l'était-il au XIXe siècle, en un temps où une loi locale non écrite stipulait que les ouvriers ne devaient pas en avoir sur leur table plus de deux fois par semaine. Quant à l'Aubance, c'est un des meilleurs vins d'Anjou, digne d'accompagner ce met d'exception.

Pour un saumon d'un kilo :

100 g de beurre, 4 échalotes
75 cl de vin blanc d'Aubance
3 dl de crème fraîche, 3 jaunes d'œufs
1 bouquet garni, 4 tranches de pain de campagne

Faites suer dans du beurre fondu les échalotes ciselées, si possible dans une braisière. Dorez dans ce jus votre poisson entier, vidé, écaillé, lavé, fariné. Ajoutez le vin blanc, le bouquet garni, poivrez et ajoutez quelques noisettes de beurre.

Mettez à cuire à four moyen - 180° - 45 minutes durant, tout en arrosant régulièrement votre poisson de jus. En fin de cuisson, retirez votre saumon réservez le au chaud. Hors du feu, ajoutez dans la braisière les œufs et la crème en fouettant pour obtenir une sauce mousseuse.

Passez cette sauce au chinois, pour en napper votre poisson que vous servez aussitôt.

Garnissez de croûtons de pain de campagne aillés.

On les cuit au court bouillon, au bleu et à la bonne eau. La première méthode est faite de vin blanc et d'eau, d'épices, de thym, de laurier, la seconde de vin rouge mélangé d'eau, et la troisième d'eau salée à l'avance, que l'on fait bouillir avant d'y plonger le poisson.

Le saumon, appelé aussi bécard au moment de la ponte, est le plus estimé des poissons, suivi par la truite et une multitude d'espèces. Alose, carpe, brème, brochet, barbeau, perche, anguilles, tanches, lamproie, goujon, loche, abondent dans les eaux Angevines, générant petites ou grandes fritures, ainsi que de multiples recettes.

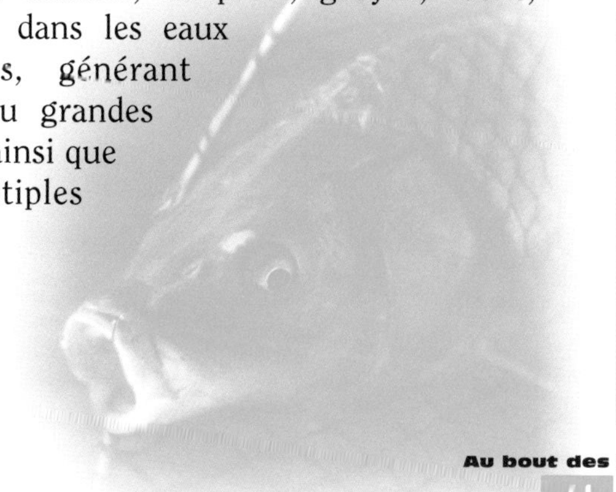

Carpe sur le gril ou au barbecue

Faites mariner dans l'huile votre carpe vidée et écaillée.

Mettez là sur le gril, ou le barbecue, salez, poivrez, et lorsqu'elle est cuite, servez là avec une purée d'oseille.

C'est le genre de recette des bords de rivière, que l'on déguste à la pêche, en surveillant du coin de l'œil ses gaules dans l'eau. On peut préparer la purée d'oseille à l'avance et l'emporter dans un tuperware que l'on fait réchauffer sur un petit butane portatif en attendant que le poisson morde.

Si en plus, on a un petit blanc d'Anjou au frais au bout d'une ficelle, c'est du bonheur !

Matelotte d'anguilles sur sarments de Mamie Chauveau

Il fut un temps où les Angevins gourmands allaient se régaler de cette préparation chez une grand-mère bistrotière des bords de Loire. Elle se nommait Mémé Chauveau, et les plus anciens s'en souviennent encore. Cette recette honore sa mémoire.

Des anguilles de la Loire
75 g de beurre
Oignons, échalotes, ail, 1 verre de gnole
Cabernet d'Anjou rouge

Coupez les anguilles préparées en morceaux de 5/6 cm

Dans du beurre chaud, faites revenir doucement les échalotes et l'ail émincés fins. Ajoutez les anguilles en montant le feu. Ajoutez le verre de marc afin de flamber l'ensemble. Mouillez avec un vin rouge Cabernet d'Anjou. Faites cuire durant deux heures sans couvercle sur un feu de sarments, afin de parfumer la cuisson.

Servez le plus chaud possible, avec en accompagnement du cabernet.

157. Environs de Saumur (M.-e

Alose à la belle ginette

Encore une recette d'un bistrot des bords de Loire. La Belle Ginette, c'est l'enseigne, ou peut-être la patronne, mais qu'importe ? Les deux se confondent, pour ne faire qu'une seule bonne adresse, où l'on mange du poisson à toutes les sauces.

Persil échalotes hachées, papier huilé ou sulfurisé
Une alose
De l'oseille du beurre, du lait, un jaune d'œuf
Sel, poivre

Préparez une purée d'oseille en faisant fondre dans une casserole quelques feuilles d'oseille lavées, épluchées, queues enlevées. Lorsqu'elle est à moitié fondue, ajoutez un œuf de beurre et continuer à faire fondre le tout.

Une fois en purée, retirez du feu, et incorporez un jaune d'œuf délayé avec un peu de lait. Remuez, salez, poivrez. Dans un papier huilé ou sulfurisé ou en alu, disposez du persil et des échalotes hachées menu.

Placez votre poisson dessus, enveloppez bien, fermez.

Faites cuire votre alose sur le gril.

Servez la, posée sur la purée d'oseille.

Des poissons Rois

De tous les poissons sillonnant les rivières Angevines goujons, tanches, anguilles, perches, barbeaux, brèmes, lamproie certains se disent «nobles» comme le saumon ou l'alose ou le brochet. Ce dernier se fait au beurre blanc, revendiqué dans les recettes aussi bien par les

Nantais que les gens d'Anjou,tandis que l'alose à l'oseille ou la brème carpée braisée au vin blanc ont aussi leurs partisans. On retiendra aussi la roulade d'anguilles, le pâté de lamproie, ou la matelote que Grand-mère a depuis toujours inscrits sur ses tablettes.

La bouillliture d'anguilles

La bouilliture est partie intégrante
de la gastronomie de l'Anjou,
ce qui nous oblige à la représenter
en ces pages.
Quant à grand-mère,
elle fait avec, puisque ce plat,
comme beaucoup d'autres préparations,
peut s'accommoder
de sa touche personnelle.

Pour une belle anguille :
4 oignons, 6 gousses d'ail
1 verre de vin rouge de Loire
beurre, sel, poivre, farine

Préparez les anguilles, vidées, dépiautées, et coupez les en tronçons de 10 cm. Farinez, puis faîtes revenir dans un peu de beurre à part. Dans du beurre également, faites revenir 6 gousses d'ail et 4 petits oignons émincés. Roussissez avec un peu de farine.

Mettez sur le tout, un grand verre de vin rouge, puis un verre d'eau. Laissez bouillir cette préparation une heure.

Placez les tronçons d'anguille dans cette sauce, puis ajoutez un bouquet garni, du sel, du poivre, et laissez bouillir lentement trois quarts d'heure de plus.

La réussite de la bouilliture réside dans la cuisson. La chair doit se détacher sans effort de son arrête, mais ne pas tomber en bouillie.

Brochetons au vianaigre

3 brochetons d'environ 700 g
4 oignons moyens, du lait
farine, 150 gr de beurre
Huile, vinaigre de vin blanc
Sel et poivre

Préparez vos brochetons, écaillés, vidés, têtes coupées, lavés. Coupez-les en morceaux, salez, poivrez

Emincez les oignons. Trempez les morceaux de poisson dans du lait, puis passez les dans de la farine.

Faites chauffer 100 g de beurre avec deux cuillères d'huile dans une sauteuse. Ajoutez les morceaux de brochetons et faites cuire à feu doux 8 mn en les tournant. Faites revenir à côté les oignons émincés dans le beurre restant, salez, poivrez. Dès que le poisson est coloré, ajoutez les oignons et 5 cl de vinaigre de vin blanc.

Laissez cuire à découvert en laissant réduire, goûtez, rectifiez, servez.

Grand-Mère et ses recettes à base de vin

Du vin dans les casseroles

Le vin est omniprésent en terre Angevine, avec un nombre conséquent d'appellations contrôlées, et quelques dizaines de petits crus divers, le tout sur moins de 20.000 ha. De cette noble matière première, Grand-mère ne pouvait en ignorer les qualités culinaires, idéales pour faire ses sauces et transformer ses bons petits plats.

Les recettes sont donc multiples, à base de Coteaux du Layon, de Cabernet d'Anjou, d'Aubance, et autres Bonnezeaux. Bien entendu, Grand père n'est jamais très loin, prêt à vider ce qui reste de la chopine après usage, ou à se verser généreusement quelques rasades d'un liquide délicatement ambré.

Sur les tables d'Anjou on trouve du rouge, du rosé, du blanc et du pétillant, tous tirés d'un vignoble deux fois plus grand que celui de le voisine Touraine. Gamay, Cot, Grolleau, Chenin blanc, Cabernet, Sauvignon, Chardonnay en sont les cépages, qui permettent la fabrication des Savennières, Saumur-Champigny, ou le liquoreux Quarts de Chaume

Punch de l'anjou

Dans un grand saladier, grand-mère verse deux bouteilles de Saumur Brut blanc, puis ajoute un ananas frais coupé en tranches assez minces. Elle dépose ensuite une livre de sucre en poudre sur lequel elle verse préalablement un bon verre de Cognac. Après avoir bien mélangé, elle met de la glace pillée et sert dans des verres à punch, dans lesquels elle met une rondelle d'ananas.

Ce punch peut aussi se préparer chaud, en flambant le Cognac, et en servant dès que la flamme s'éteint. Mais il faut faire chauffer l'ensemble dans une casserole afin de pouvoir enflammer l'alcool.

Grand-mère réalise aussi du vin chaud pour les après midi froids de l'hiver. Sa recette se veut simple : un litre de rouge (Champigny, Bourgueil.) 250 g de sucre en poudre et un petit morceau de cannelle. On retire le vin du feu juste avant qu'il ne bout, et on sert de suite dans des verres épais.

Saumur cocktail

A préparer une heure au moins avant de consommer :

3 bouteilles de Saumur Brut pétillant très frais
3 cuillères à soupe de Cointreau
3 cuillères à soupe de liqueur d'orange
2 oranges, 125 g de raisin blanc,
125 g de raisin rouge

Coupez des oranges en tranches, égrenez les raisins.

Arrosez le tout avec les alcools. Couvrez et mettez le tout au frais. Au moment de servir, versez le Saumur sur le tout, remuez un peu, et servez frais.

Soles aux coteaux de Saumur

Pour 6 belles soles

250 g de crème fraîche
1 verre de vin blanc de Côteaux de Saumur
4 échalotes, 1 cuillère à soupe de fromage râpé
sel, poivre, beurre,

Faites fondre les échalotes émincées dans du beurre, puis versez les dans un plat à four avec leur jus de cuisson. Disposez dessus les soles, mouillez les de vin, salez, poivrez, mettez au four chaud (250°).

Dès que le vin bout, ajoutez la crème, saupoudrez de fromage râpé. Baissez le feu (200°) et laissez cuire 25 minutes.

La mitonnée Bachique (Soupe des vendangeurs)

Grand-mère préparait ce plat,
comme l'indique son nom, à l'occasion des
vendanges qui, en Anjou,
mobilisent la région une fois par an.

Une douzaine de beaux oignons
Six verres de vin d'Anjou rouge
Six jaunes d'œufs
300 g de gruyère râpé
Des tranches de pain de campagne grillées,
1 bouillon de bœuf
Sel, poivre, muscade râpée

Faites un bouillon d'oignons avec les oignons épluchés, émincés, revenus dans du beurre, mouillés de bouillon de bœuf, cuit doucement une demi heure.

Dans une soupière allant au four, rangez une couche de pain grillé, sur laquelle vous semez une couche de gruyère râpé, et ainsi de suite, jusqu'à ce que la soupière soit à demi pleine. Versez sur le tout le bouillon d'oignon, puis une dernière couche de fromage, parsemez de copeaux de beurre, mettez au four chaud une grosse demi heure, jusqu'à formation d'une croûte dorée.

Juste avant de servir, battez vos jaunes d'œufs au fouet, et diluez les dans le vin. Salez, poivrez, ajoutez un peu de muscade râpée, servez chaud.

Saint Vincent patron des vignerons

Diacre de l'évêque de Saragosse, mort en martyr, ce bon Saint était fêté en Anjou le 22 janvier de chaque année. On commençait par une messe fervente en l'église du village ou de la ville, avec offrande de vin béni, suivie de processions à travers les rues avec distribution de vin et de pain. Les jours suivants, c'était le tour des profanes qui organisaient leurs festivités laïques, avec des cortèges qui poussaient sur leur chemin les passants à boire à la goulée des bouteilles.

Ces traditions, disparues durant le vingtième siècle, ont tendance à ressurgir aujourd'hui, grâce aux nombreuses confréries du vignoble, pour la plus grande joie des consommateurs de divins liquides.

Entrecôte au Vieux Champigny

Pour une belle entrecôte d'un kilo

6 échalotes
150 g de beurre
1 cuillère à café de fécule
1/2 litre de vieux Champigny

Parez votre entrecôte en retirant les déchets et l'excès de gras.

Faites-la cuire avec ces déchets, sans gras, puis réservez la au chaud après avoir retiré les déchets. Déglacez la poêle avec les 3/4 du vin, faites réduire en décollant les sucs.

Ajoutez le reste du vin, la cuillère de fécule, que vous délayez. Refaites bouillir en remuant, salez, poivrez, liez cette sauce avec le beurre en fouettant. Versez le tout sur la viande.

Cabillaud au Jasnières

Quelques mots pour le connaisseur
sur ce petit vin blanc sec qui nous arrive
de la Sarthe voisine de l'Anjou et qui peut être
considéré comme l'un des meilleurs vins du
genre en France. Premier cru classé
des Côteaux du Loir, il était déjà apprécié
du temps d'Henri IV qui le faisait servir
à sa table. Son goût inimitable de pierre à fusil
en font un breuvage idéal pour l'accompagne-
ment du poisson.

Pour six belles tranches de cabillaud

1 bouteille de Jasnières, 6 échalotes, 4 tomates
60 g de beurre
3 cuillères à soupe de crème fraîche
Thym, laurier, persil, estragon, cerfeuil

Faites fondre les échalotes émincées dans du beurre puis versez les dans un plat à four avec leur beurre de cuisson.

Mettez dessus les tomates coupées en morceaux, le thym, le laurier, du persil. Posez dessus les tranches de cabillaud, couvrez avec le vin, salez, poivrez, mettez à four chaud.

Dès que le vin bout, éteignez votre four, et laissez y le plat encore 5 minutes.

Sortez du four, réservez le poisson au chaud, puis faites réduire le jus de moitié. Passez le jus au chinois, ajoutez la crème, quelques gouttes de citron, assaisonnez.

Versez le tout sur le poisson, et réchauffez le tout à four doux, après parsemé de fines herbes hachées.

Foie de veau au Saumur blanc

6 tranches de foie de veau
1/2 de litre de Saumur blanc sec
2 cuillères à soupe de graisse d'oie
3 échalotes, fines herbes, sel, poivre

Faites fondre les échalotes émincées dans une cuillère de graisse, puis réservez.

Faites cuire le foie de veau dans le reste de graisse, et réservez le au chaud dans son plat de service. Jetez la graisse, déglacez la poêle avec le vin, ajoutez les échalotes.

Faites réduire de moitié, salez, poivrez.

Versez la sauce sur les tranches de foie, saupoudrez de persil haché, servez chaud.

Des vins gouleyants

Ronsard vantait déjà en son temps les Côteaux Du Layon «Nectar divin qui rend l'Anjou fameux». Vins de garde, ces derniers égalent le Sauterne en matière de conservation, tout en s'avérant meilleur marché pour le

Œufs au Cabernet

Pour 6 gros œufs

1/2 d'une bouteille d'Anjou Rouge
200 g de lard maigre
2 oignons, 20 g de farine
2 cuillères à soupe de saindoux
Sel, poivre
Persil, thym, laurier

Dans une cocotte faîtes revenir le lard coupé en dés et les oignons émincés dans le saindoux fondu.

Faites un roux avec la farine, puis mouillez avec le vin

Ajoutez thym, laurier, sel, poivre, mélangez bien jusqu'à obtenir une sauce onctueuse

Jetez dans cette préparation et à feu vif vos œufs entiers, afin que le blanc soit bien saisi. Le jaune doit cependant rester mollet

Dès le dernier œuf incorporez, donnez un tour de feu et décollez les bords à la cuillère en bois

Pour sortir les œufs, servez vous de l'écumoire, vous les déposerez dans une assiette et les napperez de la sauce dont vous retirerez thym et laurier.

consommateur. Liquoreux, racés, dorés, ils viennent d'un vignoble placé en bord de Loire à hauteur de Chalonne, planté sur les deux versants de la vallée dans laquelle on ne recense pas moins de vingt huit appellations du genre. Bonnezeaux et Quart de Chaume en sont les plus connues, l'ensemble de ces breuvages s'accommodant fort bien en cuisine comme en accompagnements de plats divers.

Agneau au Saumur-Champigny

Pour 1,5 kg d'agneau (collier)

150 g de poitrine fumée
1 bouteille de Saumur Champigny
3 oignons, une gousse d'ail
2 carottes
1 kg de pommes de terre
sel, poivre, laurier, beurre, huile

Dans une cocotte, dans de l'huile et du beurre mélangés, faites revenir vos morceaux d'agneau, salez poivrez.

Réservez la viande une fois dorée.

Dans le jus, faites revenir les oignons émincés, les carottes épluchées coupées en rondelles, la poitrine fumée coupée en dés.

Laissez dorer, puis salez, poivrez, et mouillez avec le vin.

Rajoutez les morceaux d'agneau, puis l'ail et la laurier.

Laissez mijoter 50 minutes environ, puis ajoutez les pommes de terre épluchées, coupées en morceaux.

Laissez cuire 20 minutes de plus. Servez chaud, avec le Saumur Champigny en accompagnement.

Coq au Savennières

Pour un beau coq d'1,5 kg :
1/2 bouteille de Savennières
150 g de champignons de couche
15 cl de crème fraîche
5 échalotes
Sel, poivre
Farine
Beurre
Huile
1 bouquet garni

Faites revenir dans de l'huile votre coq découpé en morceaux

Réservez, salez, poivrez

Dans le jus, faites suer les échalotes émincées, ajoutez les champignons coupés en petits morceaux, le bouquet garni et finalement le vin

Ajoutez les morceaux de coq, et faites mijoter à feu doux une heure durant

Retirez la viande, réservez la au chaud, retirez le bouquet garni

Faites réduire le fond de la cuisson, liez ensuite avec la crème, et versez le tout sur la viande. Servez chaud.

Coquilles de poissons au Savennières

400 g de poisson
(cabillaud. dorade, aiglefin, etc...)
1 verre de vin blanc sec de Savennières
1 dl de crème
1 cuillère à dessert
de concentré de tomates
1 échalote
Sel, poivre
50 g de gruyère râpé
Pommes duchesse
2 citrons
Persil

Faites pocher le poisson, égouttez-le et décortiquez-le.

Faites réduire l'échalote hachée dans le vin blanc, ajoutez un peu de cuisson de poisson, le concentré de tomates, sel, poivre et liez avec la crème.

Placez les morceaux de poisson dans des coquilles, entourez-les de pommes duchesse, nappez avec la sauce, saupoudrez avec du fromage râpé et faites gratiner au four chaud.

Décorez avec du persil et accompagnez de citron.

Des vins pétillants

C'est un Belge, Jean Ackerman, qui fit du vin blanc de Saumur un vin pétillant à la manière du Champagne, par une technique qu'il introduisit en 1811, héritée de son inventeur le moine Dom Pérignon.

La crise viticole de l'oïdium qui affecta en 1845 le Champagne, permit au Saumur d'émerger nationalement, jusqu'à devenir bien des années plus tard une appellation réputée

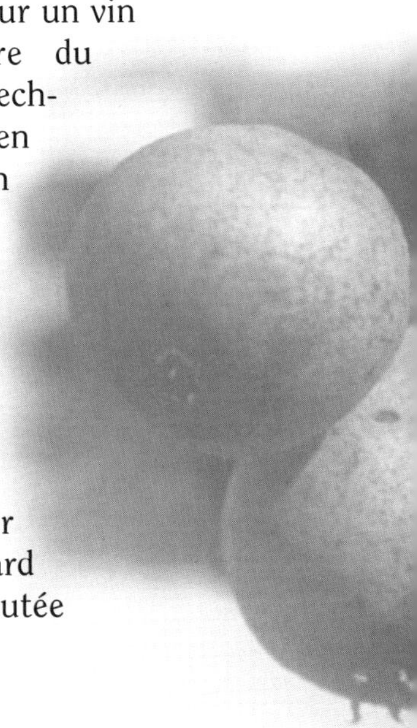

« Saumur Brut » qui concerne à présent la plus grande partie de son vignoble.

Grand-mère l'utilise parfois en cuisine, mais ce vin trouve toute sa valeur en apéritif ou au moment du dessert. C'est le champagne Angevin.

Aspic de fruits au vin rouge d'Anjou

Pour 4 personnes :

1/4 de litre de vin rouge sec d'Anjou
1/4 de litre d'eau, 1 c à café d'huile Isio 4
40 g de sucre, 100 g de raisins sans pépins
(1/4 tasse de raisins secs, 80g de raisins frais)
1 poire, 1 pomme, 1 banane
6 grandes feuilles de gélatine
10 grains de poivre noir, 25 g de beurre
Citron, vanille, cannelle...

Faites un sirop avec le sucre et l'eau en faisant bouillir 10 minutes environ. Parfumez-le au choix à la vanille, la cannelle, la muscade. Trempez les feuilles de gélatine dans l'eau froide pour ramollir les feuilles. Egouttez-les en les pressant puis les fondre dans le sirop. Ajoutez le vin rouge et donnez un bouillon en remuant. Réservez. Épluchez la pomme, la poire et la banane, coupez les fruits en gros morceaux. Faites fondre le beurre, saisissez-les quelques minutes, citronnez-les; ajoutez une cuillère à soupe rase de sucre et d'huile. Ajoutez les raisins, le poivre en grains et laissez reposer. Dans un moule à aspic, couler un peu de sirop, faire prendre au frigo, ensuite mettre une couche de fruits avec du sirop, laisser encore prendre et ainsi de suite. Décorez de fruits frais.

Poires au Bonnezeaux

Pour 6 belles poires, grand-mère recommande une bouteille entière de ce vin liquoreux à la belle robe dorée, idéal pour les desserts.
Puis :

300 g de miel d'acacias
2 gousses de vanille, 2 bâtons de cannelle
1 citron vert et 1 zeste de citron jaune
1/2 cuillère à café de poivre

Epluchez les poires mais conservez les entières.

Versez le Bonnezeaux dans une casserole, ajoutez le miel, les gousses de vanille fendues en deux, les bâtons de cannelle, le poivre, le citron vert pressé, le zeste de citron jaune. Portez à ébullition en remuant pour dissoudre le miel. Ajoutez les poires dans ce sirop en les immergeant complètement, quitte à ajouter de l'eau si besoin

Couvrez, laissez cuire à frémissement 15 minutes.

Egouttez les poires, réservez-les. Remettez le sirop au feu, faites bouillir, réduisez le de moitié. Versez le tout sur les poires, laissez refroidir, puis mettez au frigo deux heures durant au moins.

Grand-Mère et ses recettes de fêtes

LES ENTRÉES :

LES LÉGUMES :

LA VIANDE :

Quand Grand-mère faisait la fête

Les bonnes raisons de faire bombance étaient multiples au temps de nos grands-mères: de la naissance du petit dernier à l'enterrement du plus âgé des aïeux, tout était occasion de ripailles, agapes et autres banquets. Il y avait la noce et ses habits festifs avec ses coutumes, sa mariée et sa jarretière, son cortège de joyeux drilles et ses dérives. On mangeait beaucoup, on buvait tout autant, et cela durait des heures, voir des jours.

Un beau mariage se reconnaissait au nombre d'invités, mais c'était aussi l'instant où l'on faisait les comptes de la famille, où l'on revoyait le cousin Louis, la tante Berthe et le nourrisson de la Chantal, celle qui s'est mariée avec un type de la ville. Bien entendu, côté table, les nappes étaient de sortie, les petits plats finissaient dans les grands, et toutes les femmes étaient en cuisine.

Grand-mère régnait sur la brigade, surveillant ses fourneaux, donnant son avis sur tel ou tel mets, conseillant les unes, réprimandant les autres.

La Fressure

La fressure c'est un plat, et c'est une fête, la seconde dépendant de la préparation du premier. La coutume en est Angevine, mais l'origine du mets est Choletaise, et son nom vient du latin frixura qui signifie viande hachée, émiettée. C'est en quelque sorte une bouillabaisse de l'ouest, sans poissons, mais avec de la viande du cochon, du sang de porc, de l'eau et beaucoup de pain, mélangés à des oignons, du persil, des condiments, le tout cuisant une bonne vingtaine d'heures, dans un énorme chaudron planté dans la cheminée. C'est cette préparation qui donne lieu à grand rassemblement, car on invite la famille, les voisins, les amis, dans une sorte de veillée durant laquelle personne ne s'ennuie.

Imaginons cette ferme des environs de Cholet, à la nuit bien tombée, illuminée de la lueur des lampes à pétrole. Ils sont venus, ils sont tous là, les jeunes et les vieux, autour de l'âtre, assis sur chaises et tabourets, à humer cette odeur charcutière qui s'échappe du noir récipient. Celui qui arrive se doit de tourner d'un coup de cuillère la fressure qui cuit, c'est l'usage, pour ne pas qu'elle prenne au fond. Le boute en train du coin – il en existe toujours – entamera tout à l'heure une chanson que tout le monde reprendra, celle du « baratoué » : les gars de la contrée – sont tertous invités – a v'nir à la veillée – tourner le baratoué… A la fin de la cuisson, une autre tradition voudra que tous goûtent à la fressure, avec la même cuillère, avant de la déguster chacun dans son assiette.

De nos jours, une fête de la Fressure se poursuit, le premier dimanche d'octobre de chaque année dans le village de May-sur-Evre (49).

Mais en Anjou, il n'y avait pas que les réunions de famille pour rassembler les gens autour d'une bonne tablée. Certaines de ces habitudes ont perduré de nos jours, d'autres ont disparu, mais toutes avaient un point commun : à chacune d'entre elles s'agitaient coiffes et chignons de celles que l'on surnomme toujours les cordons bleus.

La noce

Au temps de grand-mère, le mariage n'était pas mince affaire, particulièrement en terre de traditions comme était la province Angevine. Il ne fallait pas confondre mariage et noces, le premier, civil, se déroulant souvent la veille des secondes, et surtout bien choisir son jour.

On ne se mariait ni dans les Avents, ni dans le Carême, ni un vendredi – jour maigre où on ne mangeait pas de viande, et jour de la mort du

Recette de la fressure

Appelée par les charcutiers le boudin sans peau

Foie, rate, coeur, poumons, rognons
Morceaux de tête, du cou
et autres viandes grasses
ou bas morceaux du cochon
Gros oignons blancs en quantité
Sel, poivre, épices

Hachez toute la viande et faites en un mélange avec des oignons émincés. Ajoutez du vin rouge, et du bouillon et malaxez le tout.

Mettez à cuire à feu moyen dans une grande cocotte durant un minimum de dix heures. Remuez bien pour ne pas que la viande attache au fond. Il faut que la graisse de la viande remonte à la surface et bouille sur le dessus. Ajoutez alors sel, poivre, épices, et remuez toujours. Le mélange doit devenir brun foncé.

On peut alors, soit consommer à la fin de la cuisson avec du pain dans l'assiette

Soit mettre la fressure dans des pots pour conservation. On la garde alors au frais, pots fermés, graisse sur le dessus, et pour la manger on la fait réchauffer.

Christ – pas plus que durant tout le mois de Mai. Car ce mois là avait la réputation de faire tourner les enfants comme du mauvais lait. Pas question non plus de convoler un jour de saint martyr, par superstition, et évidemment jamais un mercredi, car comme chacun sait dans le terroir des Mauges « qui se marie mercredi est Jean jeudi ».

La messe est prévue pour 11 heures, car le repas se fera vers 13, le cortège se forme devant chez la mariée, et gare aux présage ! Si on croise un convoi funèbre, c'est de mauvais augure, et si un cierge s'éteint durant la cérémonie, il y aura mort d'un des deux époux dans l'année. Quant à l'anneau, ne pas le passer plus loin que la deuxième phalange, pour que l'épouse reste la maîtresse de son ménage.

Le nombre d'invités sera variable, selon la fortune ou la famille des intéressés. De la douzaine à plus de cent personnes, notamment en campagne, où l'on se côtoie plus facilement

Fressure d'agneau aux herbes et au Saumur

Il s'agit ici de la fressure - intestin d'agneau - pour une recette qui n'est plus tout à fait Angevine, mais qui nous vient du pays Niçois. Le rapprochement entre les deux préparations nous a semblé intéressant

Une belle fressure d'agneau
demandée à votre boucher
2 oignons, une gousse d'ail
Thym, laurier, farine,
3 verres de Saumur blanc sec
Huile d'olives

Faites sauter dans une cocotte et dans de l'huile d'olive les oignons et l'ail émincés

Ajoutez ensuite la fressure coupée en gros dés

Salez, poivrez, farinez légèrement, laissez colorer en remuant doucement

Mouillez avec le Saumur, ajoutez thym, laurier, détachez bien la viande des parois

Laissez mijoter à feu doux une demi heure.

La chouée des Chouans

Cette spécialité,
venue de la proche vendée, se retrouvait
souvent sur les tables de mariage de l'Anjou.
Toutes les grands-mères
avaient leur tour de main pour la préparer,
en tant que légume d'accompagnement,
servie avec les viandes.

1 gros chou blanc
250 g de beurre, 5 échalotes
1 dl de Saumur blanc sec, 1 dl de vinaigre
Sel, poivre, noix de muscade râpée

Dans un grand récipient, lavez le chou, détachez toutes ses feuilles, éliminez les mauvaises et le trognon.

Jetez ces feuilles dans un faitout d'eau bouillante salée, et faites cuire une heure durant à gros bouillon

Dans une casserole, versez-le vin blanc, le vinaigre, ajoutez les échalotes émincées. Faites cuire jusqu'à ce qu'il n'y ait presque plus de liquide.

Coupez le beurre en dés, mettez-le au freezer.

Placez la compote d'échalotes au bain marie, et incorporez y le beurre morceau par morceau.

Egouttez le chou, puis déposez-le dans un plat en l'écrasant à la fourchette.

Incorporez la sauce, saupoudrez de muscade, mélangez bien et servez.

L'embeurée de choux verts

Autre plat de légumes de grand-mère,
typique de l'Anjou, bon pour accompagner
de nombreuses viandes.

2 bottes de choux verts, 6 pommes de terre
4 tranches de poitrine de porc cuite
beurre, sel, poivre

Otez les grandes tiges des choux, puis faites les cuire dans de l'eau salée durant 2 heures.

30 minutes avant la fin de la cuisson, ajoutez les pommes de terre épluchées. Egouttez les choux, pressez-les. Dans chaque assiette servez choux verts, pommes de terre, une tranche de poitrine et un bon morceau de beurre.

On peut manger ces légumes écrasés à la fourchette mélangés au beurre ou morceau par morceau tel quel. On peut également faire du tout une purée complète que l'on sert telle quelle.

qu'en ville. Il y aura les cadeaux, souvent utilitaires, allant des assiettes à des petits meubles, avec parfois des curiosités inattendues, comme dans les Mauges où les jeunes gens se cotisent pour payer une bénédiction à l'article de la mort du Pape.

Souvent, on plante un « mai » au milieu de la cour de la ferme dans laquelle se déroulera le repas. Un arbre droit, assez haut, auquel on accroche boules de verre multicolores, vessies de porc gonflées d'eau, avec au pied des fagots de fourneille (épines) que la mariée enflammera au retour de l'église, après que les hommes aient tiré au fusil de chasse sur les objets pendus.

Grand-mère et les autres femmes, aidées par le boucher local, sont aux fourneaux depuis le matin, voire la veille. Il y aura de la viande, de la volaille jusqu'au pot au feu, mais aussi chez les riches du saumon, des vol au vent, des dindes truffées ou de la langouste.

Le vin aura été soigneusement sélectionné, conservé à l'avance, composé de crus Angevins ou de Bordeaux pour les plus argentés.

Pratiquement tous les déjeuners de noces seront suivis d'un dîner et le tout se soit d'être copieux, avec de nombreux desserts à la fin.

Au matin, après les danses nocturnes, on ira porter la soupe à l'oignon

Agneau farci à la choletaise

Pour 1 kg d'épaule d'agneau desossée

600 g d'épinards, 1 tasse de mie de pain rassis
1 œuf, une tasse de lait
Sel, poivre, noix de muscade

Mettez la mie de pain à tremper dans le lait. Faites cuire les épinards, et bien les égoutter. Mélangez les épinards, le pain trempé et pressé, ajoutez l'œuf, salez, poivrez, râpez sur le tout un peu de muscade.

Etalez cette farce sur la face interne de l'épaule. Ficelez, badigeonnez d'huile. Déposez dans un plat à four, faites cuire à four chaud 45 minutes.

Servez froid, accompagné d'une sauce à la menthe faite avec un yaourt mixé avec des feuilles de menthe et un peu de sel.

Vols au vent de la mariée

Vous avez le choix entre faire vos bouchées en pâte feuilletée vous-même, ou en acheter des toutes faites

Pour 12 vols au vent

2 jaunes d'œufs, 400 g de ris de veau
1 carotte émincée, 1 oignon haché
poivre concassé, branches de persil
1 cuillère à soupe d'oignon en purée
40 g de beurre, 35 g de farine
200 g de champignons de paris en boîte
500 g de crème fraîche, 2 cuillères de madère
Poivre du moulin, sel, persil haché

Préparez vos ris de veau dégorgés, égouttés, cuits pendant 3 minutes dans de l'eau salée. Jetez l'eau, rincez les ris à l'eau tiède. Portez à ébullition un litre d'eau salée avec dedans la carotte, l'oignon haché, des grains de poivre. Mettez dans cette eau vos ris, laissez frémir 12 minutes. Quand ils sont cuits, sortez les, rincez les abondamment à l'eau froide. Versez le bouillon dans un tamis. Découpez les ris en petits morceaux, chauffez le beurre, faites y rissoler la purée d'oignon et mélangez avec un peu de farine. Faites une sauce de cette préparation en y incorporant le bouillon de cuisson des ris, et le jus des champignons en boîte, puis en ajoutant le madère et les jaunes d'œufs. Salez, poivrez, mettez les ris, le presil, les champignons. Remplissez de cette farce les bouchées que vous mettez au four chaud 10 minutes durant. Vous pouvez aussi faire chauffer les bouchées sans rien dedans et les garnir au dernier moment de la farce chaude, juste avant de servir.

Galantine de volaille de Souzay

Origine, la petite ville de Souzay Champigny,
au cœur du Saumurois.
Le site est connu pour ses galeries souterraines
et ses vestiges d'habitations troglodytes
mais aussi pour ses grands-mères.
Enfin, c'est ce que nous a raconté l'inventeur
de cette recette qui remonte
à la nuit des temps.

Une belle dinde bien blanche et grasse à souhaits
1,5 livre de veau, 1,5 livre de porc
(voir votre boucher)
Sel, poivre, épices
Echalotes hachées, persil
Ail, oignons
Laurier, thym
4 Tranches de jambon, 1/2 pie de veau
2 carottes en rondelle, 2 clous de girofle

Il faut désosser la dinde, tout en conservant son enveloppe pour la reconstituer en la farcissant. Le travail est minutieux et doit se faire au petit couteau, après avoir vidé la volaille, réserver le foie, retiré le cou, les pattes, les ailerons.

Préparez votre farce en hachant fin veau et porc, mélangés au persil, échalote, ail, épices, sel, poivre, foie de dinde. Disposez la volaille désossée sur la table, peau en dessous.

Remplissez avec votre farce, et comblez les cavités laissées par les os par des morceaux de jambon.

L'objectif est de remplir entièrement la volaille, avant de la recoudre pour lui donner son apparence première

Quand elle est prête, vous la déposez dans un linge, et vous ficelez le tout.

Vous déposez ce paquet dans une casserole remplie d'eau.

Ajoutez une moitié de pied de veau, du sel du poivre, des oignons, les débris de la volaille, du thym, du persil, les carottes, du laurier, les clous de girofle.

Laissez cuire le tout comme un pot au feu durant six heures.

Enlevez toute l'eau, et laissez refroidir.

Quand le tout est tiède, sortez votre galantine et défaites le linge.

Dégraissez le jus de cuisson, passez-le au chinois.

Versez ce jus sur la galantine, servez tiède ou froid, le jus devenant alors de la gelée.

chez les mariés, dont un petit malin a suivi le périple lorsqu'ils se sont échappés après minuit.

Souvent dans un pot de chambre tout neuf, et sous diverses formes ou appellations : routie, soupine. Dès fois, on y ajoute du chocolat, du pain, une carotte de la moutarde, et même du papier à cigarette.

Chez certains paysans, la fête se poursuivra bien après, des jours durant, avec la dégustation des restes, et toujours en dansant.

Truffes au fromage

Cette gourmandise se prend à l'apéritif, en amuse gueule, sur une idée qui nous vient d'une grand-mère de Saumur qui se souvient en avoir cuisiné pour le mariage de sa petite fille. Faciles à faire, elles se dégustent chaudes ou froides.

225 g de beurre demi-sel mou
125 g de fromage râpé, une pincée de poivre noir,
Une autre de poivre au moulin
8 cuillères à soupe de pain de seigle

Malaxez le beurre pour le ramollir, incorporez y le fromage. Ajoutez poivre noir et poivre blanc, un peu de sel. Mettez ce mélange à reposer au frigo durant deux heures. Ecrasez la mie de pain de seigle. Sortez votre préparation du froid, et faites en des boulettes que vous roulerez dans la mie de pain, puis servez.

Gigot de mouton de Thouarcé

1 beau gigot de mouton désossé
de 1,5 kg environ
10 cl d'huile d'olive
1 gros oignon jaune finement haché
300 g de raisins secs
50 g d'amandes effilées
3 cuillères à soupe de miel
Paprika, safran, 4 épices, sel, poivre,
1 dl de bouillon de légumes,
beurre et farine

Faites dorer dans une cocotte le gigot sous toutes ses faces et réservez-le.

Mettez l'huile dans la cocotte, ajoutez l'oignon et un peu d'eau, mélangez.

Remettez le gigot, assaisonnez avec le sel et tous les épices.

Versez le bouillon, puis laissez mijoter.

A mi cuisson, versez le miel, et ajoutez les raisins

Couvrez laissez mijoter vingt minutes.

Faites griller les amandes dans de l'huile.

Après la cuisson totale (45 minutes en tout) retirez le gigot, mettez le dans un plat

Ajoutez les amandes grillées à la sauce, liez avec le beurre, portez le tout à ébullition

Vérifiez l'assaisonnement, servez le gigot chaud en nappant de sauce

Proverbes de noces :

Il faut être à ses noces pour qu'elles soient belles.

Y en a pus de mariés que de contents.

L'homme a deux beaux jours sur terre, lorsqu'il prend femme et lorsqu'il l'enterre.

A chaque saison les femmes font et défont les maisons.

Pot au feu tradition

1 kg de macreuse
500 g de gîte à la noix
250 g de plat de côtes
3 poireaux
4 carottes
4 navets
4 pommes de terre
2 oignons piqués de clous de girofle
1 bouquet garni
1 gousse d'ail,
1 os à moelle
5 litres d'eau froide

Ficelez les viandes pour éviter qu'elle se détachent en cuisant.

Mettez les dans une grande marmite, avec l'os à moelle, les oignons épluchés entiers avec leurs clous de girofle.

Couvrez d'eau froide, puis portez à ébullition.

Ecumez, salez, commencez la cuisson qui durera 3 bonnes heures.

Epluchez les légumes, lavez les, laissez les entiers.

Ficelez les poireaux en botte.

Ajoutez tous les légumes au bouillon 2 heures après le début de la cuisson. Ajoutez le bouquet garni.

Ajoutez les pommes de terre 30 minutes avant la fin.

NB: Si vous préférez le bouillon, mettez la viande dans l'eau froide. Si vous préférez la viande tendre, plongez la dans l'eau bouillante.

Un plus de grand-mère :

Préparez des croûtes au pot tartinées avec la moelle de l'os!
Partagez une baguette de pain rassis en tronçons de 5 cm, retirez la mie.
Placez ces tronçons sur une plaque et desséchez les au four.
Arrosez de graisse de pot au feu, puis faites les dorer toujours au four.
Disposez les dans la soupière sur le dessus du bouillon.

Le deuil

Grand-mère perd grand-père. L'événement aussi triste soit-il sera l'occasion de réunir la famille au domicile du défunt, et d'y faire repas, avec l'aide des autres femmes voisines ou parentes, car ce jour là, elle ne touchera pas à ses casseroles.

Le défunt, notamment en milieu rural, aura eu droit à sa veillée, avec les amis et les parents passant lui dire au-revoir. Il est presque beau sur son lit, vêtu de ses meilleurs atours, un chapelet glissé entre ses doigts croisés. On va prier pour lui, et peut-être rester jusqu'à ce que grand-mère, malgré sa lourde peine, offre le casse croûte. On boira même un coup, à la santé du mort, et on parlera de lui, parfois en plaisantant, tandis qu'en ville – c'est le cas à Angers – on fera appel aux bonnes sœurs pour lui tenir compagnie de sa dernière nuit sur terre.

Pot au feu de garenne à la bien-aller

Angèle est une grand-mère veuve de chasseur. Le jour du départ de son homme, elle a préparé pour ses invités ce pot au feu que vénérait son défunt. Une manière en quelque sorte de lui rendre un dernier hommage.

1 beau lapin de garenne
1 petit céleri rave
4 carottes, 4 navets
2 oignons piqués de clous de girofle
4 poireaux, une branche de céléri
4 pommes de terre, un bouquet garni
5 litres d'eau

Coupez le lapin en morceaux, mettez le dans une marmite, couvrez d'eau. Cuisez, écumez, salez.

Epluchez tous les légumes, laissez les entiers sauf les poireaux coupés en deux et ficelés en botte

Plongez le tout dans le bouillon avec le bouquet garni

Ecumez et cuisez environ trois heures.

30 minutes avant la fin, ajoutez les pommes de terre épluchées.

Servez avec des cornichons et une sauce vinaigrette

Gâteau de foie de porc au Madère

Pour 6 personnes

500g de foie de porc
500g de lard
2 verres de lait
2 verres de farine
4 œufs
1 verre à bordeaux de Madère
1 verre à liquer de Cognac
Sel, poivre

Dans une terrine, délayez la farine avec le lait froid, ajoutez les œufs entiers. Versez le mélange dans une casserole et laissez cuire jusqu'à ce que l'appareil se détache de la casserole.

Passez le foie de porc dans un tamis, tassez-le bien, ajoutez-le; versez dans le mélange le Cognac et le Madère, salez, poivrez, passez le tout de nouveau au tamis et versez-le dans une terrine, laissez cuire 1 heure à four chaud. Servez froid.

Après l'enterrement, les plus proches sont invités au domicile, à partager le pot au feu traditionnel, parlant encore et toujours du défunt qui ne sera pas oublié de sitôt: une messe de huitaine (une semaine plus tard) avant la visite chez le notaire (on envoie des neveux pour savoir s'il existe un testament), puis un an plus tard, une messe anniversaire. Dans le Baugeois, on dit que c'est la « messe du bout de l'an ». Il y en aura d'autres, si peu que la famille ait de l'argent pour les payer. A chacune d'entre elles, tout le monde se retrouvera, en habits de deuil pour le huitaine et l'anniversaire. Et peut-être à chaque fois, on mangera le pot au feu.

La Fête Dieu d'Angers

Jusqu'à la Révolution, on célébrait dans la bonne ville d'Angers les «sacres», ovation publique du Saint Sacrement mise en place par

Asperges de Trélazé

1 kg d'asperges
3 tranches de jambon
1 œuf
beurre, farine, crème fraîche, persil

Préparez les asperges, puis réunissez les en petites bottes.

Mettez les à cuire 25 mn dans une grande quantité d'eau bouillante salée.

Egouttez les et conservez un grand verre de l'eau de cuisson.

Coupez les pointes, réservez les, écrasez les tiges à la fourchette en retirant les fibres.

Faites fondre 30 g de beurre dans une casserole, jetez y de la farine, mélangez, ajoutez l'eau de cuisson, faites cuire doucement 10 minutes

Taillez quatre carrés dans le jambon, hachez le reste

Ajoutez le jambon haché à la sauce, puis la purée d'asperges. Liez hors du feu avec le jaune d'œuf battu dans la crème.

Versez dans des cassolettes, décorez avec les carrés de jambon, les pointes d'asperges, un peu de persil.

Mettez ces cassolettes à chauffer à petit feu quelques minutes, puis servez.

Au temps où grand-mère dansait ...

Saumur, ville de garnison avec son célèbre Cadre Noir, multipliait les bals à la belle saison, et les officiers faisant frissonner leurs moustaches conquérantes « draguaient » celles qui un jour deviendraient de vénérables grands-mères. Dans toute la province, les occasions de faire la fête ne manquaient pas, et il y avait toujours un violoneux pour prendre son instrument, se monter sur un tonneau, et faire valser l'assemblée.

La Virevolte, le Riquiqui ou Gavotte, l'Angevinica, la Cercounnette, la Galette, le Pas des Mariniers, la Guimbarde étaient les pas les plus appréciés. Il y en avait d'autres, la Polka des Officiers créée au Cadre Noir qui faisait sauter les danseuses par-dessus les barriques, ou la Trompeuse, Mazurka durant laquelle s'échangeaient regards et muettes promesses.

le Pape Urbain IV pour lutter contre les dérives Calvinistes ou Luthériennes.

Cette fête perdure de nos jours, avec moins d'éclats, et dans une formule plus réduite. (L'originale commençait à six heures du matin pour se terminer vers 17 heures). Douze corps d'état avaient le privilège de participer à la procession qui se déroulait la veille au soir, annoncée à travers toute la ville par des porteurs de torches de cire jaune auxquelles pendait une clochette. Ces corps allaient des bouchers aux tailleurs en passant par les portefaix ou les bateliers. On en retrouve l'héritage aujourd'hui par l'intermédiaire des porteurs de cierges pêcheurs de la Fête Dieu, et leurs énormes bougies décorées de madones peintes. Bien entendu, ces festivités sont ensuite motifs de repas pris en commun dans les familles ou les paroisses.

Petits pois à l'Angevine

1 kg de petits pois
4 carottes, 1 cœur de laitue
32 oignons grelots
30 g de beurre
Sel, poivre

Bien écosser les petits pois, éplucher les carottes et les couper en morceaux, peler les oignons.

Dans une sauteuse, faites revenir dans du beurre tous les légumes en ajoutant le cœur de laitue.

Versez un demi litre d'eau, laissez cuire couvert durant 20 minutes.

A mi-cuisson, retirez le couvercle pour laisser réduire le bouillon.

Assaisonnez, servez seul ou en accompagnement d'une viande blanche.

Pain de foies de volailles

Mie de pain, lait
Foies de poulet ou de lapin
1 œuf
sel, poivre, beurre, chapelure, sauce tomate

Trempez la mie de pain dans du lait, puis pilez le tout avec les foies;

Ajoutez le jaune d'œuf, salez, poivrez.

Au dernier moment incorporez le blanc d'œuf battu en neige ferme.

Mettez le tout dans un moule à cake beurré.

Faites cuire au bain marie 30 minutes.

Servez avec une sauce tomate réchauffée en nappage.

La Fête des coiffes

Toutes les grands-mères d'Anjou sont fans de l'Assemblée des Coiffes, festival folklorique international qui se déroule tous les ans, le quatrième dimanche de Juillet, à La Ménitré, au bord de la Loire. Organisée pour la première fois en 1954, au lion d'Angers, elle avait pour objectifs de faire revivre les traditions Angevines, avec des jeunes filles vêtues des costumes de leurs grands-mères, et de leur fameuse coiffe. Trois d'entre elles étaient élues, pour devenir les ambassadrices de la province. Depuis 1969, la manifestation est implantée à La Ménitré, commune dont le site est classé au patrimoine mondial de l'humanité, et patrie du grand barde Angevin Marc Leclerc. On y prépare une veillée, durant laquelle se dégustent les spécialités des grands-mères locales.

Les coiffes de l'Anjou

Les coiffes de l'Anjou sont diverses, selon les origines géographiques, le canton, la commune, au point qu'il est parfois difficile d'attribuer telle ou telle coiffe à tel ou tel endroit. Pour un même modèle, les grands-mères coquettes adaptaient leur coiffe à leur goût, ce qui rend compliqué une description exacte de la coiffe d'Anjou. Il y avait la Ponts de Céaise, la Saumuroise, l'Angevine, la Baugeoise, mais aussi la Câline de Montreuil-Bellay, la Boëte à Laver du Coudray etc..

Une farce de cochonnet

Le cochon de lait farci est un grand classique des fêtes Angevine, notamment celles des fins d'année. On peut cuire son cochonnet à la broche ou au four.

200 g de mie de pain rassis
1 litre de lait
500 g de viande de veau hachée
800 g de viande de bœuf hachée
Persil, ciboulette, 2 échalotes
150 g de champignons de couche
3 ou 4 œufs, sel, poivre,
Le foie du cochon,
Le poids du cochonnet en jambon cru

Mettez la mie de pain, dans le lait, faites bouillir pour obtenir une pâte épaisse.

Laissez refroidir et mélangez aux deux viandes hachées

Ajoutez herbes, échalotes émincées, champignons hachés, les œufs battus.

Assaisonnez, ajoutez le foie du cochon et le jambon coupé en dés.

Farcissez de ce mélange votre bête, bien remplie.

Cousez le ventre du cochonnet, mettez à cuire.

Surprise de goret

Côtes de porc
Légumes divers et variés selon la saison,
(mais faciles à cuire)
Sel, poivre
Crème fraîche (1 cuillère à soupe par côtelette)

Déposez vos côtes de porc dans des feuilles de papier alu.

Assaisonnez de sel et de poivre.

Ajoutez la crème fraîche et vos légumes coupés en morceaux.

Refermez le papier alu pour faire des papillottes.

Faites cuire à four chaud 30 minutes.

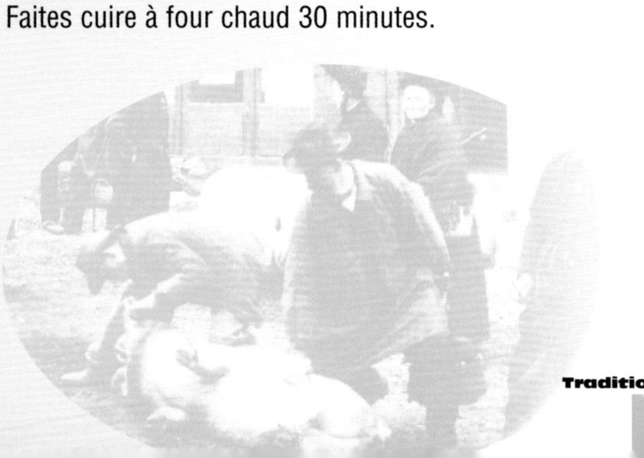

Noël aux cochons

La messe de Noël, précédée d'un repas « maigre » était traditionnellement suivie d'un repas « gras ». Dans les familles Angevines, l'usage voulait que l'on sacrifie pour l'occasion un porc qui avait été mis à l'engrais tout au long de l'année, réservé pour l'évènement.

Le boucher était au travail depuis le matin du 24, venu de très bonne heure à la ferme avec ses aides. Il avait tué, saigné, épilé le porc, découpé sa viande et fabriqué aussitôt boudins ou saucisses. Il fallait faire vite, car les usages impliquaient l'envoi aux parents et amis d'un morceau de la bête.

Le soir, grand-mère posait sur le feu la plus grande de ses gamelles, souvent une chaudière d'airain, afin de préparer les rillaux (ou rillons) à base de la chair de porc découpée en

morceaux. Le chef de famille devait alors bénir l'opération en jetant de l'eau bénite sur le feu, en se signant et en plaçant dans le chaudron trois mesures de sel. A l'aube suivant, donc le jour de Noël on dégustait ces rillaux, juste avant de partir pour l'église. Car il fallait sanctifier le jambon du cochon que l'on avait tué la veille.

Le prêtre, en habits sacerdotaux, recevait sur un vaste plat le plus beau des jambons, entouré de verdure, il le bénissait tout en prononçant une prière spécifique venue des temps anciens. L'objet de ses attentions repartait ensuite pour la maison. Il allait être pendu dans l'âtre, où il resterait à sécher jusqu'à Pâques. On le décrocherait alors, et toute la famille viendrait autour de la table mettre ainsi fin au Carême avec cette viande encensée par Dieu.

Rôti de goraille aux pruneaux

Pour un rôti de porc d'un kilo pris dans le filet :

600 g de pruneaux dénoyautés de gros calibre
6 belles pommes à cuire
Du thé, du beurre, du sucre en poudre
1 verre de Saumur blanc sec
sel et poivre

Dans une infusion de thé brûlante, faites macérer vos pruneaux et vos pommes toute la nuit

Le lendemain, pelez les pommes en les laissant entière, mais en retirant les pépins au milieu avec un vide pommes. Glissez une noix de beurre dans le trou, disposez les dans un plat beurré, et faites les cuire au four 45 minutes (150°) en les arrosant avec de l'eau sucrée. Les sortir et les réserver.

Mettre à cuire le rôti dans un plat creux, salé, poivré, au four à 220° durant 45 mn, en l'arrosant avec le vin blanc. Egouttez les pruneaux et mettez en un dans chaque pomme. Faites réchauffer les pommes doucement avec les autres pruneaux mouillés d'un peu de thé

Servir le rôti de porc découpé en tranches entouré de pommes farcies et de pruneaux. Déglacez le jus avec un peu de vin blanc, salez et poivrez la sauce et mettez la en saucière.

Salade de rillauds et de noix

Pour 6 beaux rillons ou rillauds :

300 g de cerneaux de noix fraîches
3 cuillères à soupe de fines herbes mélangées
2 cuillères de verjus
150 g de feuilles d'épinards
huile de noix, vinaigre de vin blanc, sel, poivre

Faites tremper les cerneaux lavés durant 5 mn, égouttes les, saupoudrez les de sel, ajoutez les fines herbes, mélangez, ajoutez le verjus, réservez au frais.

Coupez les rillons en dés, et faites les rissoler dans une poêle en remuant.

Mettez dans un saladier les feuilles d'épinards, ajoutez de l'huile de noix, salez, poivrez

Egouttez les dés de rillons, versez les sur les épinards

Déglacez la poêle au vinaigre de vin blanc, versez le jus sur la salade, remuez, Ajoutez les cerneaux de noix au milieu, et servez avant que les rillons ne soient froids.

Grand-Mère et ses recettes de la Saint-Jean

La Saint-Jean jadis

Dans nos sociétés traditionnelles, le rythme des saisons était marqué par des événements, souvent des fêtes, destinés à matérialiser un calendrier et le temps qui passe. Dans ces fêtes se mêlaient généralement le religieux et le profane, le mystérieux et le païen et parfois même le magique.

La Fête de la Saint-Jean, saint Jean Baptiste, célébrée le 24 juin est de celles-ci. Elle marque le solstice d'été, le moment où les jours sont les plus longs, le temps où le soleil fait sa course à son apogée. De tous temps, cette période a été célébrée.

Emincé de boeuf de vieux garçons

Pour 4 personnes

4 cuillères à soupe d'huile
1 gros oignon haché
1/2 cuillère à café de grains de coriandre moulus
1/2 cuillère à café de 4 épices
2 cm de gingembre haché
1 piment haché
500 g de steak coupé en lamelles
1 poivron vert ou rouge haché gros
2 tomates en quartiers
jus d'un citron
sel

Dans l'huile chaude d'une poêle faites revenir l'oignon; quand il est transparent, faites revenir 5 minutes à feu doux la coriandre, le quatre-épices, le gingembre, le piment.

Si cela devient sec, ajoutez I cuillère à soupe d'eau. Ajoutez la viande et faites-la dorer à feu vif. Ajoutez le poivron, couvrez et laissez mijoter 5 à 10 minutes; la viande doit être tendre.

Ajoutez les tomates, le jus de citron, salez et laissez 3 minutes sans couvrir. Servez chaud.

Poulet à la vapeur d'herbes

Pour 4 personnes

1 kg de choucroute crue
4 cuisses de poulet
2 cuillères à soupe d'herbes finement hachées
(persil, cerfeuil, ciboulette, estragon...)
Bouillon de poule
Paprika
Sel, poivre

Rincez la choucroute si elle est acide, essorez-la en la pressant dans vos mains et effilochez-la dans le panier d'un couscoussier.

Mélangez-lui les herbes, salez, poivrez. Versez dans la partie inférieure du couscoussier, du bouillon de poule concentré et faites cuire 45 minutes.

Enlevez la peau des cuisses de poulet posez-les sur la choucroute, salez, poivrez. Couvrez et cuisez encore 40 minutes. Poudrez les cuisses de paprika.

On peut ajouter une noix de beurre dans l'assiette, mais le poulet et la choucroute sont moelleux.

Les cérémonies de la Saint Jean pouvaient durer plusieurs jours et elles étaient l'occasion de réjouissances où se mêlaient foi religieuse et croyance païenne. Dans tous les villages, un feu était allumé cette nuit là. On le préparait soigneusement les jours précédents, et parfois le bûcher était très élevé.

Dans certains villages, dès l'avant-veille, un arbre décoré était planté sur la place, on le garnissait de genêts, d'épines et de brandons de paille, des fagots de bois secs étaient entassés autour du tronc. Puis à son sommet, on attachait un joli bouquet, signe de joie et de danses.

La veille de la Saint jean, à la nuit tombante, le clergé venait en procession le bénir. Derrière la bannière et la croix, les enfants de chœur et le curé revêtu de sa cape d'honneur, le cortège suivait composé d'une

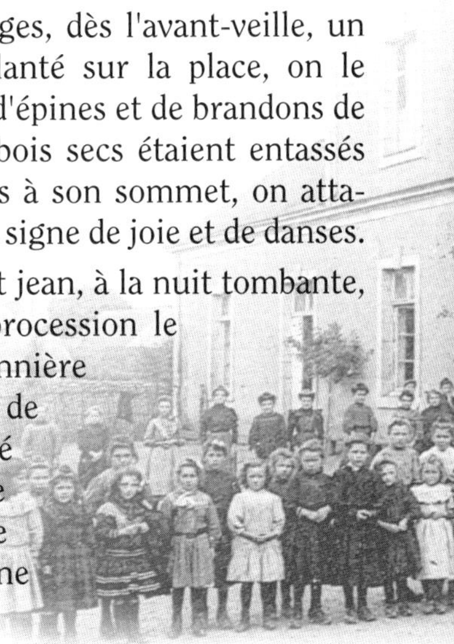

Langue de boeuf sauce madère comme chez Mamie

Pour 6 personnes

Une langue de boeuf
2 carottes
2 branches de céleri
un bouquet garni
2 gros oignons piqués d'un clou de girofle
Poivre

Sauce:

50 g de beurre
50 g d'oignons hachés
40 g de farine
1/4de litre de bouillon de langue
1 grand verre à vin de madère
2 cuillères à soupe de concentré de tomate

Garniture :

6 tomates
300 g de petits pois
600 g de haricots verts
100 g de beurre
2 échalotes

longue file d'hommes, de femmes. Toute la population des environs était présente et chacun portait un cierge allumé. Les chants étaient entonnés par tous. Le cercle se formait autour de l'arbre, puis le curé au milieu, après avoir fait un prêche et béni le bûcher, allumait le feu solennellement. Puis, le clergé s'éloignait, et, enfin jeunes gens et jeunes filles pouvaient organiser la ronde.

Faites dégorger la langue dans de l'eau froide pendant 5 à 6 heures. Faites-la blanchir dans de l'eau bouillante salée.

Rafraîchissez-la et faites-la cuire avec les légumes, le bouquet garni, du sel et du poivre. Pelez-la sous l'eau froide.

Préparez la sauce en faisant revenir les oignons hachés dans le beurre.

Ajoutez-y-la farine, le bouillon, le madère et laissez cuire à petit feu. Après une dizaine de minutes, incorporez le concentré de tomate.

Prolongez la cuisson 7 à 8 minutes. Faites cuire les tomates au four avec du beurre, du sel et du poivre, après les avoir légèrement creusées.

Faites cuire séparément à l'eau salée les haricots et les petits pois.

Egouttez les légumes et faites-les revenir respectivement dans une casserole contenant une échalote hachée et fondue dans du beurre.

Dressez la langue sur le plat de service, entourée de haricots et de tomates farcies aux petits pois. Nappez légèrement avec la sauce et servez le reste en saucière.

Vous pouvez ajouter à la cuisson de la langue quelques os de veau ou de boeuf.

Salade de poulet à l'avocat

Pour 4 personnes

1/2 poulet cuit
2 avocats
2 ou 3 oeufs durs
2 ou 3 tomates
Sauce vinaigrette
Basilic haché

Coupez le poulet en morceaux. Pelez et dénoyautez les avocats coupez la chair en tranches et citronnez-les aussitôt pour qu'elles ne noircissent pas. Ecalez les oeufs, coupez-les en quartiers. Lavez les tomates, coupez-les en quartiers et épépinez-les. Disposez le tout dans le plat de service et arrosez de sauce vinaigrette additionnée de basilic haché. Cette recette convient très bien pour accommoder un reste de poulet.

Côtelettes d'agneau grillées de la Saint-Jean

Pour 4 personnes

4 côtelettes d'agneau de 100 g environ chacune,
4 cuillères à soupe d'huile, sel, poivre
1 cuillère à café de moutarde
1 cuillère à café d'herbes de Provence
4 tomates
2 oignons, 1 gousse d'ail
2 cuillères à soupe de persil haché
1 cuillère à café d'herbes aromatiques

Allumez et laissez brûler le charbon de bois, jusqu'à ce qu'il presente une surface égale de braises.

Préparez entre-temps une sauce onctueuse avec l'huile, le sel, le poivre, la moutarde et les herbes de Provence.

Enduisez de cette préparation les côtelettes des deux cotés, puis déposez-les sur le gril.

Epluchez les oignons et la gousse d'ail, hachez-les et répartissez-les sur les tomates coupées en deux. Salez et poivrez selon le goût. Saupoudrez en dernier lieu de persil haché.

Dès que les braises sont rouges, placez la grille sur le feu et faites dorer la première face des côtelettes pendant 3 a 4 min.

Retirez alors la grille du feu, saupoudrez les braises avec les herbes aromatiques, retournez les côtelettes, placez les tomates à coté et grillez une nouvelle fois pendant 3 a 4 minutes.

Et on dansait et on chantait toute la nuit. Le feu avait maintenant gagné la cime de l'arbre, et de longues flammes illuminaient les alentours.

Un peu partout c'était le même rituel. Le soir venu, le curé en procession, avec tout le clergé bénissait le bûcher installait sur le pré communal, puis l'embrasait, il s'éloignait ensuite laissant place à la danse. Parfois le bûcher était garni à son faîtage, d'un bouquet ou d'une couronne. A Angers, elle était tressée de fleurs et de feuillage et accrochée plusieurs jours avant la Saint Jean, et déjà, les jeunes gens venaient tous les soirs se retrouver et danser sous sa protection. On venait danser sous la couronne et peut-être échanger le premier serment sous le pigeon, symbole d'amour. Puis on montait le bûcher sous cette couronne. Dans ce feu, on brûlait des herbes de la Saint

Jean, particulièrement de l'armoise parfumant ainsi les fumées. Les réjouissances duraient longtemps.

Au petit matin les jeunes, garçons et filles, s'évertuaient à sauter par dessus le brasier, cela portait bonheur. Enfin, lorsque les braises ne s'éteignaient pas, chacun emportait chez lui un tison qui protégerait la maison contre la foudre et les incendies. Enfin, il fallait invoquer, saint Jean la veille de son jour pour être protéger contre les sorciers. Ces derniers avaient d'ailleurs la réputation de faire eux aussi leurs feux, puis de se disperser dans la nuit pour jeter leurs sorts sur les champs et les maisons.

La récolte des plantes à caractère médicinal, les simples, a toujours été soumise à des pratiques magico-religieuses ou magico-médicales. Les herbes de la Saint Jean étaient réputées entre toutes. Il fallait les cueillir la veille ou au petit matin, encore pleines de rosée.

Ragoût de mouton aux courgettes

Pour 4 personnes

600 g de mouton
600 g de courgettes
1 oignon
1 tomate, 1 carotte
Poivre, sel
2 cuillerées à soupe de margarine
1 branche de romarin
1 branche de thym
2 dl de bouillon de poulet instantané
1/2 pot de yaourt nature

Détaillez la viande en morceaux de taille moyenne. Lavez les courgettes et, sans les éplucher, coupez-les en tranches ou en petits dés.

Echaudez et pelez la tomate, retirez-en les graines. Coupez-la en morceaux, ainsi que la carotte lavée et grattée. Epluchez et hachez l'oignon.

Faites fondre la margarine dans une grande poêle, dorez-y la viande sur toutes ses faces et poivrez légèrement. Retirez-la ensuite et la mettre de côté sur une assiette.

Faites revenir alors l'oignon, la tomate, la carotte et les courgettes. Saler.

Remettez la viande dans la poêle, mélangez-la bien aux légumes, mouillez avec le bouillon de poulet, joignez le romarin et le thym, couvrez et faites cuire doucement pendant 1 heure.

Juste avant de servir, retirez le romarin et le thym, mélangez le yaourt avec le bouillon et présentez ce ragoût dans le plat de cuisson ou sur un plat préchauffé.

Ragoût aux artichauts

Pour 4 personnes

6 petits artichauts
3 oignons nouveaux
2 poireaux
30 g de beurre
1 cl à soupe d'huile
1 grande boîte de tomates pelées
1 dl de vin blanc sec
1 dl de bouillon de viande
sel
poivre
1 gousse d'ail
un bouquet garni

Coupez les artichauts en quatre, enlevez le foin. Pelez et émincez les oignons, nettoyez et émincez les blancs de poireaux.

Mettez tous ces légumes dans une casserole où vous aurez fait chauffer le mélange beurre-huile.

Ajoutez tomates, vin, bouillon, assaisonnement, ail pilé et bouquet garni.

Couvrez et laissez mijoter 30 mn.

Fonds d'artichauts aux champignons de Coutures

Pour 4 personnes

8 beaux fonds d'artichauts cuits
250 g de champignons de Coutures
1 tasse de béchamel
25 g de gruyère râpé
50 g de beurre
Sel, poivre

Lavez bien les champignons, retirez leur bout terreux, émincez-les en fines lamelles, faites-les dorer quelques minutes dans un peu de beurre; mélangez-les à la béchamel, salez, poivrez.

Remplissez les fonds d'artichauts de cette préparation, saupoudrez le gruyère râpé, posez un petit morceau de beurre sur le dessus de chacun d'eux et faites dorer au four de 5 à 10 minutes.

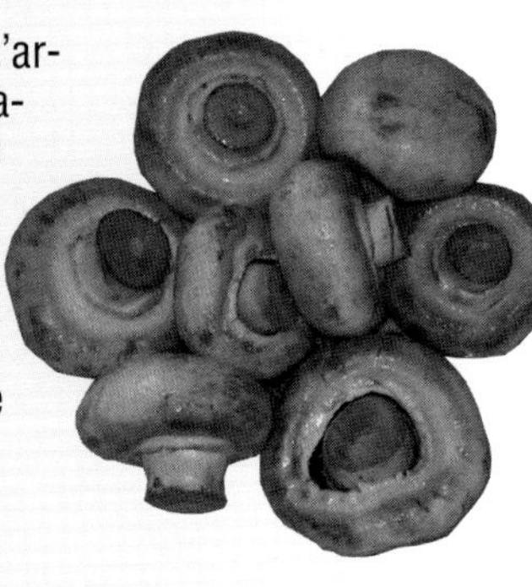

Chanson

Parmi les chansons qui évoquent la Saint Jean, on trouve parfois des chants à danser autour du feu, ou tout simplement des complaintes non directement liées à la fête. Il ne semble y avoir de chansons cérémonielles dédiées au Saint lui-même.

Une des plus belles évoque les amours d'une jeune fille :

Voici la Saint Jean,
La belle journée,
Où tous les amants
Vont à l'assemblée.

Refrain
Marchons joli cœur,
La lune est levée.

Le mien y sera,
J'en suis assurée,

Il m'a apporté
Ceinture dorée

Je voudrais ma foi,
Qu'elle fut brûlée,

Et moi dans mon lit,
Avec lui couchée

De l'attendre ici,
J'en suis fatiguée.

En voici une autre où se retrouvent dans le refrain des formulettes sans sens réel auxquelles certains auteurs ont voulu accorder une valeur incantatoire :

A la Saint Jean, J'ai tant dansé,
La farira dondé,
Que j'ai décousu mon soulier,
La farira dondé,
Lafarira rira dondé, La farira dondé.

Voici Monsieur le cordonnier,
Mon soulier a raccommodé,

Votre travail sera payé,
En vous donnant un sou percé,

Votre sou vous pouvez garder,
Car je préfère un doux baiser,

Nenni, Monsieur le barbouillé,
Je n'embrasse qu'un marinier,

La belle pour mieux me venger,
Votre soulier je vais garder,

Ne croyez pas m'embarrasser,
Car les pieds nus j'irai danser.

Tarte à l'oignon et au lard

Pour 4 personnes

Pâte :

350 g de farine
25 g de levain
1/2 cuillère à café de sel
1 dl de lait froid
5 cuillères à soupe de lait tiède
1 jaune d'oeuf
60 g de beurre ou de margarine

Garniture :

1 kg d'oignons
150 g de lard maigre
40 g de beurre
2 oeufs
1 dl de crème fraîche
1/2 cuillère à café de cumin moulu
Poivre et sel à volonté
1 cuillère à café de fécule de maïs
1 botte de ciboulette

Tamisez la farine. Mélangez le levain avec le lait tiède. Ramollissez le beurre dans une poêle et ajoutez hors du feu, le lait froid, un jaune d'œuf, le sel, ainsi que la préparation de levain et de lait et bien mélanger le tout.

Incorporez cette masse liquéfiée à la farine.

Pétrissez bien la pâte sur la table et travaillez-la jusqu'à ce qu'elle devienne élastique. Laissez-la gonfler du double de son volume dans un plat couvert.

Epluchez tous les oignons et émincez-les finement.

Coupez le lard en cubes et le faire revenir dans la poêle, puis le sortir et le mettre de coté.

Faites blondir dans le beurre et le gras du lard les oignons pour qu'ils deviennent transparents. Remettre les dés de lard dans la poêle.

Mélangez les œufs avec la crème fraîche, ajoutez la fécule de maïs, assaisonnez de cumin, de poivre, de sel et incorporez le tout à la masse formée par le lard et les oignons.

Mélangez en dernier lieu la ciboulette finement coupée. Etendez soigneusement la pâte, foncez-en un moule à tarte huilé et répartissez la masse sur la pâte.

Mettez pendant 40 a 50 minutes au four préchauffé, a 240° C.

Servez la tarte encore chaude et accompagnez-la d'une salade.

Grand-Mère et ses recettes de potages

Une coiffe dans le potage

Souvenez vous. Il y avait une dame pas très jeune, mais au doux visage souriant. Elle était assise devant vous, face à la table de la cuisine, et elle épluchait ses légumes. C'était en fin d'après midi, la cuisinière irradiait d'une douce chaleur, et vous regardiez votre grand-mère préparer la soupe, laissant tomber ses épluchures sur un journal périmé. Il y avait des navets, des carottes, des poireaux, des pommes de terre, qui voisinaient parfois avec un morceau de viande posé juste à côté : queue de bœuf, os à moelle, saucisse.

Les panades de grand-mère

Essentiellement composées
de pain rassis, d'eau et de beurre,
les panades figuraient sur les ordonnances
du célèbre Ambroise Paré en tant que remède.
Généralement, grand-mère préférait
utiliser du pain de campagne,
à cause de la finesse de sa mie,
et l'agrémentait de diverses façons
avec des légumes, comme le céleri ou le potiron.

Panade ordinaire

Un litre et demi d'eau, 500 g de pain coupé en tranches minces avec un peu de sel, le tout mis à cuire à feu moyen en remuant souvent.

Ajoutez, lorsque le pain est cuit, un morceau de beurre gros comme un œuf, et faites le fondre dans la panade que vous servez tout de suite après. On peut ajouter une liaison avec un œuf, et un peu de sucre selon les goûts.

Panade au safran

Coupez 600 g de pain de campagne en tranches fines et disposez les dans une soupière. Versez dessus 1 litre de bouillon de volaille dans lequel vous aurez dilué un peu de safran.

Mettez le tout au four, et laissez le pain absorber le bouillon. Avec un autre litre de bouillon de volaille, mouillez régulièrement pour conserver à la panade une certaine consistance.

Panade aux poireaux

Emincez 400 g de blancs de poireaux, que vous faites fondre à feu doux dans de l'huile avec un peu d'ail.

Mouillez avec deux litres de bouillon (volaille ou bœuf selon le goût), salez, puis ajoutez 400 g de pain rassis coupé en morceaux. Faites mijoter le tout 30 minutes

En fin de cuisson, battez le pain avec un fouet, et incorporez 50 g de beurre ainsi que 2 jaunes d'œufs.

Il y avait aussi mille manières de faire la soupe. Soit avec des ingrédients coupés en morceaux rustiques ou en julienne, versés directement dans de l'eau salée, soit avec les mêmes mais revenus auparavant dans la poêle avec un peu de graisse. Grand-mère pouvait aussi passer ses légumes crus au moulin, pour en tirer des copeaux qu'elle jetait dans un bouillon de poule, ou bien écraser des pois cassés qui, mélangés avec du lard, faisaient une sorte de magma si épais que la cuillère tenait toute seule dedans.

La soupe, elle était sur la table midi comme soir, été comme hiver. Son odeur se répandait dans la cuisine tout au long de la journée, car elle était posée sur un coin du fourneau à bois, qui ne s'éteignait jamais, à frissonner très lente-

LA POSSONNIÈRE (M.-et-L.) - Rue de l'Eglise

ment. On avait l'impression qu'elle était là, disponible à toute heure, pour celui qui en voulait.

C'était une image d'Epinal, qui hante encore les mémoires de ceux qui ont eu la chance de la connaître. Une dame en tablier bleu, avec un chignon ou une coiffe sur la tête, en train de touiller d'une longue spatule de bois un odoriférant mélange. Grand-mère était dans son potage, sa soupe, son brouet, son consommé, bref elle faisait ce pour quoi on l'imaginait faite à tout jamais: le repas.

La vraie poule au pot

Tout le monde le sait, Henri IV souhaitait que chaque dimanche tout paysan de son royaume puisse mettre la poule au pot. Mais ce fut une promesse presque électorale qui eut les effets qu'on les mêmes promesses de nos jours. Car encore fallait-il que chaque Français puisse avoir sa poule hebdomadaire, ce qui était loin d'être le cas. Grand-mère a récupéré l'histoire pour en faire sa recette, et celle présentée ici nous arrive de Segré.

1 grosse poule de 2 kg
1 gros oignon piqué de 3 clous de girofle
4 carottes, 4 poireaux
1 navet, 1 branche de céleri, 4 pommes de terre
1 bouquet garni, 4 litres d'eau, sel

Nettoyez, lavez tous les légumes, liez les poireaux en botte. Posez la poule bridée dans une grande marmite, couvrez d'eau, faites bouillir, écumez, salez.

Ajoutez les légumes et le bouquet garni, écumez de nouveau. Réduisez le feu, laissez cuire 2 bonnes heures. Ajoutez les pommes de terre 30 minutes avant la fin de la cuisson. Servez viande et légumes à part accompagnés de cornichons et de sauce vinaigrette.

Soupe aux moules et au riz

Pour 6 personnes

1,5 litre de moules, 100 g de riz
3 tomates pelées, épépinées
1 oignon pelé, 2 poireaux épluchés
Safran, sel poivre laurier, persil
2 cuillères à soupe d'huile

Lavez et grattez bien les moules. Faites-les ouvrir à feu vif, dans une casserole couverte, sans eau. Enlevez les coquilles. Passez l'eau rendue par les moules dans un tamis fin. Emincez l'oignon et le blanc des poireaux; faites-les bien dorer à l'huile dans une autre casserole. Ajoutez les tomates coupées en petits morceaux, mouillez avec 2 litres d'eau chaude, assaisonnez dès que le liquide bout; laissez cuire encore 10 minutes environ.

Jetez-y le riz en pluie, ajoutez le safran; laissez cuire encore 10 minutes à feu vif sans couvrir. Goûtez le riz, il ne doit pas être tout à fait assez cuit. Mettez les moules et leur eau dans la soupe. Laissez cuire 2 minutes. Enlevez le laurier et le persil. Servez de suite et dégustez très chaud.

Potée du Val de Loire

On retrouve ici les ingrédients
de la terre Angevine :
haricots blancs, choux, poireaux,
mélangés avec des viandes du cru.
En fait, la grand-mère responsable
est une Choletaise d'origine Toulousaine,
ce qui explique un peu le côté
cassoulet de sa recette.

2 kg de plat de côtes de bœuf
4 belles saucisses à cuire
(Toulouse, Morteau ou autres)
300 g de haricots blancs frais
1 petit chou
3 oignons
4 poireaux
3 carottes
3 navets
4 pommes de terre
1 bouquet garni
75 g de saindoux
Sel, poivre

Coupez le chou en quartier pour le faire blanchir dans de l'eau salée, puis réservez-le.

Coupez la viande en morceau, avant de la plonger dans quatre litres d'eau.

Portez le tout à ébullition, écumez, puis salez et poivrez.

Ajoutez le bouquet garni, et mettez à cuire à feu moyen 30 minutes.

Ajoutez les haricots blancs, faites repartir, puis couvrez avant de laisser cuire 1h30.

Faites revenir dans le saindoux les légumes (sauf les pommes de terre), lavés, épluchés, émincés. Mouillez ensuite avec du bouillon.

Une fois la viande cuite, ajoutez là aux légumes, puis mettez tout le bouillon.

Mettez alors les pommes de terre épluchées coupées en morceaux, les saucisses piquées en plusieurs endroits pour éviter l'éclatement.

Laissez cuire à feu doux 45 minutes de plus.

Soupe, potage ou autres ?

Le mot soupe, sappa, nous arrive du latin. Potage quant à lui est dérivé du « pot » autrement dit un ustensile dans lequel on peut tout cuire. La soupe était au moyen-âge la tranche de pain trempée dans le potage, ou le bouillon, et tremper la soupe signifiait tout simplement tremper son pain. En fait les deux mots sont synonymes, du moins jusqu'au 18ème siècle où les bons usages imposent le terme potage chez les gens biens, laissant celui de soupe aux paysans.

Grand-mère qui est souvent de ces derniers a toujours préféré sa soupe rustique, pleine de bonnes choses nourrissantes que les potages sophistiqués et autres veloutés légers et compliqués du grand monde. Point de consommé à la Colbert ou autre crème à la Pompadour sur ses cahiers, mais des apprêts reconstituants, qui peuvent à eux seuls faire tout un repas.

La soupe des dames de Cholet

150 g de lard maigre fumé
50 g de saindoux ou de beurre
1 kg de pommes de terre,
2 gros oignons émincés
2 gros poireaux
100 g d'épinards, ou de mâche
3 jeunes carottes émincées
1/2 bouquet de céleri
1 litre de bouillon de viande
2 cuillères à soupe de fécule de maïs
1 pincée d'aneth en poudre
1 pincée de muscade en poudre
1 pincée de marjolaine en poudre
4 cuillères à soupe de crème fraîche
3 œufs durs émiettés, poivre

Coupez le lard en tous petits morceaux, et faites le revenir dans le saindoux, puis réservez-le.

Dans sa sauce, faites revenir les oignons.

Lavez les poireaux, coupez les en rondelles, lavez, égouttez.

Lavez les épinards, puis égouttez-les.

Dans une casserole, mettez les poireaux, l'oignon, les carottes, laissez cuire le tout à l'étouffée 5 minutes, ajoutez les pommes de terre coupées en dés, les épinards, et la moitié du bouillon.

Portez à ébullition puis maintenez la cuisson à feu doux.

Préparez votre céleri, coupez le en petits morceaux.

Réduisez le contenu de la casserole en purée une fois les pommes de terre cuites.

Faites bouillir le restant du bouillon.

Ajoutez la purée de légumes, faites bouillir, ajoutez le céleri, continuez à cuire à feu doux.

Préparez une bouillie légère à base de fécule de maïs, de lait, de noix de muscade, marjolaine et aneth.

Incorporez cette bouillie au potage, remuez.

Incorporez le lard, puis les morceaux d'œufs durs, le poivre.

Laissez cuire à feu très doux un quart d'heure, puis servez.

Le bouillon peut être fait d'eau, de sel, et de vin faisant sous cette forme les délices des soldats en bataille, à l'époque de Jeanne d'Arc ou de Du Guesclin Mais il est aussi composé de viandes, dans son aspect le plus reconstituant, gras de ses yeux et savoureux de ses goûts. Et pas un enfant ne peut oublier le si cher bouillon de légumes que sa maman préparait lorsqu'il était malade. C'était chaud, parfumé, et cela faisait du bien par où cela passait, pour peu que l'on puisse y tremper un petit morceau de pain beurré. Oui, quelque part, la soupe, le potage, le bouillon, c'est du bonheur dans l'assiette.

Les petits pois en potage

420 g de petits pois
100 g d'herbes potagères
70 g de purée de tomates
25 g de farine
2 tablettes de bouillon de volaille

Portez les petits pois à ébullition dans 3 dl d'eau.

Ajoutez les herbes potagères, la purée de tomates, les tablettes de bouillon.

Laissez cuire à point, puis réduisez le tout en purée.

Faites bien chauffer puis liez avec une bouillie légère faite de farine et d'eau.

Délayez l'ensemble avec 4 dl d'eau bouillante.

Potage à la crème d'orge

Pour cette très ancienne recette du pays d'Anjou :

Beurre
Sel
Farine
250 g d'orge perlé
1 litre d'eau chaude
1 bouillon de volaille
1 jaune d'œuf
Des croûtons frits dans du beurre

Dans une casserole, faites fondre un morceau de beurre gros comme un œuf.

Ajoutez une cuillère de farine, mélangez bien, puis ajoutez un litre d'eau chaude.

Lorsque l'eau commence à blanchir, ajoutez l'orge en remuant et faites bouillir.

Au fur et à mesure que l'eau est absorbée, vous en rajoutez pour conserver la liquidité.

Lorsque l'orge est cuite, passez là au tamis, et ajoutez du bouillon de volaille à votre convenance selon l'épaisseur désirée.

Remettez le potage au feu, laissez le bouillir 10 minutes.

Retirez du feu, liez avec le jaune d'œuf délayé auparavant dans du bouillon froid

Dès que la liaison est faite, servez dans une soupière, avec les croûtons de pain en accompagnement.

GRAND CAFÉ DE FRANCE, Place du

La soupe nourrit

Les anciens avaient découvert toute la valeur nutritionnelle de la soupe, mélangeant dans celle-ci des ingrédients de toute sorte, pain, lait, viande, riz, féculents, céréales, œufs, vin.

Les légumes perdent à la cuisson une partie de leurs vitamines, tout le monde le sait, mais l'eau dans laquelle ils cuisent se charge de leurs sels minéraux et des vitamines restantes. D'autre part, au lieu de manger un seul légume, on en mange plusieurs, ce qui est loin d'être négligeable.

Les calories diffusées par une soupe vont dépendre de ce qu'on y met. Nous parlons plus haut du bouillon, et tout le monde peut comprendre qu'un bouillon de poule renferme plus de gras qu'un bouillon de navets. Les différences se feront aussi avec ou sans le dégraissage, ainsi qu'avec les accompagnements : pain, vermicelle, pâtes, semoule, etc.

Le pain est le tout premier d'entre eux, et ce depuis la nuit des temps. A croire que les deux sont indissociables – et ils le sont souvent dans les recettes comme dans la pratique – l'une apportant la valeur de ses composants, l'autre délivrant ses protides, lipides, glucides et vitamines.

Pour preuves que la soupe est nourriture, il suffit de se plonger dans notre vocabulaire. De « gros plein de soupe », à vous « mangerez bien la soupe ? » jusqu'à « venez souper » ou au clairon militaire sonnant « la soupe » elle est à la base des expressions qui signifient qu'il est temps de se mettre à table.

Crème d'asperges Andecavines

1 litre de bouillon de volailles
3 douzaines d'asperges vertes
3 jaunes d'œufs
1 cuillère à soupe de maïzena
1 dl d'huile d'olive
60 g de fromage râpé

Faire blanchir les asperges nettoyées dans de l'eau bouillante salée.

Egouttez les, retirez les douze plus belles pointes.

Faites une purée avec les asperges restantes, en y mêlant maïzena et huile d'olive.

Fouettez à feu doux en incorporant petit à petit du bouillon de volaille.

Laissez bouillir quelques minutes, jusqu'à faire un mélange crémeux.

Dans la soupière, battez les œufs avec le fromage, et liez doucement avec la crème d'asperges, assaisonnez.

Ajoutez les pointes d'asperges, mouillez avec le bouillon de volaille restant.

Servez chaud.

Soupe de brochet de la Maine

1 kg de brochet
3 poireaux
2 carottes
2 navets
4 feuilles de choux
50 g de beurre
Paprika
Sel
2 litres d'eau

Coupez en morceaux votre brochet nettoyé.

Epluchez les légumes, coupez les en julienne.

Mettez les légumes dans une casserole avec l'eau et du sel, cuisez à petit bouillon une heure durant.

Ajoutez les morceaux de poisson, et laissez cuire 10 minutes de plus.

Juste avant de servir, ajoutez du paprika, puis le beurre, mélangez bien.

Grand-Mère et ses recettes de desserts

La ronde des desserts

On ne dissocie pas les grands-mères des desserts. Pour les gamins, les deux vont ensemble, la première étant toujours l'inventeur de savoureuses préparations n'appartenant qu'à elle, de gâteaux d'après l'école ou de crèmes du quatre heures.

Les mères grand d'Anjou ne dérogent évidemment pas à cette règle, ayant chacune dans son cahier à spirale de recettes, parfois hérité de leur propre mère, quelques pages consacrées au sucré sous toutes ses formes.

En province Angevine, quelques spécialités se distinguent, venues pour la plupart d'entre elles du lointain Moyen-Age.

Botteraux des Mauges

Pour 400 g de farine
2 œufs
10 cl de lait, 125 g de beurre
2 cuillères à soupe de sucre, autant de rhum brun
20 g de levure, du sel
Sucre glace, huile

Mélangez le lait tiède à la levure.

Dans un saladier, mélanger au fouet farine, œufs, sucre, rhum, levure, salez.Etalez la pâte ainsi obtenue, sur une épaisseur de 5 mm.

Coupez le beurre en petits morceaux, intégrez le dans la pâte.

Travaillez la pâte à la main, pour bien intégrer le beurre. Formez une grosse boule, que vous laissez reposer sous un torchon 2 heures. Etalez à nouveau cette pâte le plus fin possible, puis coupez dedans des losanges.

Plongez ces losanges dans de l'huile chaude, comme des beignets. Laissez-les dorer, puis sortez les avant de les égoutter sur un papier absorbant.

Servez chaud, en saupoudrant de sucre glace.

des nouzillards de Cécile

Que sont les nouzillards? Tout simplement des châtaignes, nommées ainsi en patois Angevin, cuites dans du lait. Certaines grands-mères des campagnes en faisaient avec la soupe le repas du soir, mais aujourd'hui les nouzillards sont une gourmandise. Cécile est d'Angers, et c'est sa recette qui est ici présentée.

Pour 750 g de châtaignes, comptez un litre de lait, du sel et du poivre blanc

Placez vos châtaignes épluchées dans une cocotte d'eau froide. Portez le tout à ébullition, et laissez bouillir jusqu'à ce que la peau se fissure.

Retirez, égouttez, pelez complètement.

Une fois les châtaignes prêtes, remettez les dans la cocotte nettoyée.

Recouvrez d'eau bouillante, et laissez cuire 45 minutes. Portez lentement le lait à ébullition.

Egouttez les châtaignes bouillies, disposez les dans des assiettes creuses.

Versez de suite le lait bouillant dessus, salez, poivrez, laissez les absorber le lait. Dégustez chaud.

Il en est ainsi des fouées, évoquées dans un chapitre précédent, qui peuvent se classer aussi bien dans le salé que dans le sucré, se déguster en apéritif, comme en plat de résistance, ou comme en dessert. Tout dépend de ce que l'on met dedans.

Les trois « grands » plats sucrés d'Anjou ont pour noms le Crémet, les Botteraux, le pâté aux prunes. Trois recettes assez simple à réaliser, qui font depuis des générations le régal des enfants de tous âges. Les seconds rappelleront quelque peu aux amateurs les fameuses «merveilles» de Charente comme du Poitou, mais il ne faut voir dans cette coïncidence qu'un phénomène de proximité entre régions très voisines, aux valeurs partagées. Il existe d'ailleurs une recette de

« Merveilles d'Anjou » et une spécialité baptisée « Rousseroles » qui ressemble furieusement aux Botteraux.

Nous n'indiquerons pas ici de nom de baptême, car il n'y a pas de « crémet » de mamie Angèle ou de mémé Denise, ce dessert étant universel dans sa composition, avec comme seule variante le parfum du coulis l'accompagnant. Par contre, les Boterraux arrivent des Mauges et de nulle part ailleurs, du moins par leur nom, car pour les ingrédients et la façon, voir ce qui est dit plus haut. Quant au pâté aux prunes, son analogie avec n'importe quel pâté en croûte est patente, sauf qu'ici les fruits prennent la place de la viande.

Le vrai pain d'épices de grand-mère

Pour un moule à cake de 25 cm de long :

140 g de farine complète
100 g de miel d'acacia
10 cl de lait
1 œuf
40 g de beurre
65 g de sucre vergeoise
(brut de betterave) ou de canne
1/2 sachet de levure chimique
1 cuillère à café de mélange 4 épices

Faites tiédir le lait à feu doux.

Hors du feu, faites fondre le beurre, puis incorporez miel et sucre en mélangeant soigneusement, ajoutez au lait.

Versez la farine dans un saladier. Dans un puits au milieu, mettez les épices et la levure, cassez l'œuf.

Mélangez en pâte avec le lait préparé jusqu'à homogénéité.

Dans le moule beurré, versez cette préparation.

Enfournez à four chaud 180°. Laissez cuire 25 minutes, laissez gonfler. Baissez le four à 150° et laissez 15 minutes de plus.

Retirez du four, laissez refroidir avant le démoulage.

Crêpes au Cointreau

Pour 20 crêpes

4 tasses à thé de farine, 2 œufs
2 cuillères de sucre en poudre
1 pincée de sel, 100g de beurre
3/4 de litre de lait environ
1/2 cuillère à café de levure, Cointreau

Dans un saladier, versez la farine, le sel, le sucre et la levure. Ajoutez les œufs un à un en mélangeant. Délayez avec le lait jusqu'à ce que vous obteniez une pâte liquide onctueuse. Faites chauffer le beurre pour qu'il prenne une couleur noisette; puis versez-le dans la pâte. Mélangez et laissez reposer au moins 3 heures.

Pour réussir vos crêpes, il faut une poêle qui n'attache pas, un feu assez vif et une spatule pour les retourner.

Beurrez la poêle. Versez rapidement un peu de pâte pour former une mince couche régulière, Laissez dorer et retournez vivement. Quand les crêpes sont cuites, faites-les glisser dans une assiette, sucrez et arrosez d'un peu de Cointreau.

La ronde des desserts... avec des Fruits

La tarte qui cuit deux fois

Ce vieux truc de grand-mère permet à la pâte de se développer normalement tout en épousant la forme des pommes lors de la cuisson.

300 g de farine
125 g de beurre
125 g de sucre en poudre
2 œufs
500 g de haricots secs pour la cuisson à blanc

Garniture :

1,5 kg de Golden, 300 g de sucre en poudre
2 jaunes d'œuf, 5 cl de crème fraîche
du sucre glace

Préparez d'abord la pâte, mélangez beurre, sucre, œufs, malaxez, versez la farine d'un coup, malaxez jusqu'à obtention d'une pâte onctueuse et lisse.

Laissez durcir 40 minutes au réfrigérateur.

Etalez la pâte dans un moule à tarte, remplissez le centre avec des haricots secs, faites cuire 30 minutes dans un four pré-chauffé à 180°.

Préparez vos pommes, taillées en quartier.

Mélangez le sucre en poudre avec 50 cl d'eau, puis portez à ébullition.

Trempez 5 minutes les quartiers de pommes dans ce sirop bouillant, puis égouttez-les et réservez-les

Fouettez les deux jaunes avec la crème fraîche dans un bol, réservez.

Lorsque la pâte est cuite, sortez la du four, retirez les haricots.

Disposez les quartiers de pomme pochés sur la pâte cuite, nappez avec le mélange crème-œufs, enfournez à nouveau à 150° pendant 10 minutes.

Lorsque la tarte est dorée, les pommes cuites, la crème aux œufs prise, sortez la tarte du four, laissez là refroidir, et saupoudrez de sucre glace avant de la servir.

Le pâté aux prunes

Pour 800 g de prunes :

100 g de sucre, un œuf

Pour 250 g de farine :

125 g de beurre, 25 g de sucre
1 œuf, 1 jaune d'œuf, de l'eau, du sel

Ajoutez à la farine 25 g de sucre, 10 cl d'eau, une pincée de sel, un œuf entier, un jaune d'œuf, 125 g de beurre en petits morceaux.

Mélangez le tout à la main pour obtenir une pâte homogène. Laissez reposer cette pâte au frais sous un linge, préchauffez votre four Th 8. Une fois la pâte reposée, étalez là, puis découpez la en deux ronds de même dimension, format moule à tarte.

Avec un des ronds, garnissez un moule à tarte beurré.

Pendant que l'ensemble repose, lavez, dénoyautez les prunes, puis coupez les en deux.

Garnissez la tarte avec ces moitiés de prunes, que vous arrosez de sucre en poudre.

Recouvrez avec le second rond, en soudant les bords à l'eau. Percez une cheminée au milieu, puis passez au pinceau l'œuf restant pour dorer.

Laissez cuire à four chaud une demie heure.

Ce plat se déguste tiède.

le sabayon de pêches Angevines

Telle la poire, le bonne pêche ne peut que venir d'Anjou. Elle est blanche, et se positionne comme un des fruits les plus délicats des vergers d'en France. Ce dessert simple mais de haute tenue, plaira à tous les convives, tout en apportant une note élégante et raffinée. Il sera de bon ton d'y ajouter quelques amandes effilées sur le dessus.

Pour 4 belles pêches :

1 bouteille de saumur brut
4 cuillères à soupe de miel
3 jaunes d'œufs

Dans une casserole faites chauffer le vin et le miel bien mélangés. Ajoutez les pêches épluchées pelés, et faites cuire doucement durant 15 minutes environ.

Une fois les pêches cuites, retirez les, coupez les en deux, retirez leur noyau. Disposez ces oreillons dans les coupes de service, laissez refroidir.

Faites réduire le jus de cuisson, jusqu'à obtenir un sirop que vous laissez refroidir.

Dans une petite casserole, mettez trois jaunes d'œufs, et faites chauffer au court bouillon en remuant doucement. Ajoutez en remuant environ 10 cl de sirop, puis fouettez vivement jusqu'à obtenir une crème mousseuse.

Incorporez 25 cl de sirop toute en continuant à fouetter durant 5 minutes. Retirez du feu, continuez à mélanger au fouet, et laissez refroidir. Mettez cette sauce au réfrigérateur, jusqu'au moment de servir. Vous en napperez les oreillons de pêche.

La bijane est une sorte de soupe-dessert appréciée aussi bien en Anjou qu'en Touraine. Composée de pain, de vin et de fruits, elle n'est pas sans rappeler le Mijet du Limousin ou le Mijot du Poitou, recettes rafraîchissantes toutes simples des soirs d'été et des après moissons. On en trouve quelques variantes – celle-ci est aux fraises, d'autres sont aux cerises – mais elles ont toutes les mêmes qualité : vite faites, délicieuses au goût. On utilisera de préférence un Chinon ou un St. Nicolas de Bourgueuil, vins aromatisés tendres et légers.

les poires pochées du roi René

La légende veut que ce dessert royal fût en son temps fort apprécié du bon souverain angevin. On prendra pour le réaliser la reine des poires, l'Angevine, idéale pour la cuisson, et on choisira un vin rouge d'Anjou, si possible à base de cépages gamay pour son goût de fruit. Ce dessert doit se préparer assez longtemps à l'avance, et peut s'améliorer au service d'une glace à la vanille.

6 belles poires Angevines
1 bouteille de rouge cabernet d'Anjou
1 citron, un bâton de cannelle
8 cl de liqueur de cassis

Dans une casserole, faîtes chauffer le vin dans lequel vous ajouterez un demi citron coupé en rondelles, la cannelle, la liqueur.

Pelez les poires et citronnez les, après avoir retiré cœurs et pépins, coupez-les en deux.

Lorsque le vin commence à bouillir, plongez les poires dedans, et laissez frissonner à couvert durant trois quarts d'heure, en surveillant et en tournant les poires régulièrement.

Egouttez les poire délicatement, posez les sur un plat.

Faites réduire le jus de cuisson, puis versez le doucement sur les poires à travers une passoire.

Laissez reposer au frais une heure avant le service.

la bijane aux fraises

Une dizaine de tartines de pain de campagne un peu rassis
1 kg de fraises
1 bouteille de vin rouge
du sucre

Faîtes tiédir les tartines de pain dont vous aurez retiré la croûte en les passant au four, sans les griller.

Retirez les, coupez les en dés, versez les dans un saladier.

Ajoutez les fraises (épluchées, lavées, préparées, coupées en deux ou quatre).

Saupoudrez de sucre selon votre goût.

Versez sur le tout le vin rouge, doucement, pour qu'il se mélange bien.

Couvrez, et laissez au frais, si possible plusieurs heures avant de déguster.

Les secrets de Gra

Les secrets de beauté de Grand-Mère Lisou

La bouche

Pour une haleine fraîche, mâchez une feuille de menthe. Si quelques mets aillés ont agrémenté votre repas, croquez trois grains de café.

Les cheveux

Pour blondir les cheveux châtains ou donner un reflet doré aux cheveux blonds utilisez la camomille en décoction (prendre 15 fleurs de camomille pour un demi-litre d'eau).

Les dents

Pour un sourire éclatant, frottez les dents une fois par semaine avec des feuilles de sauge.

Les mains

Pour des mains douces, frottez les quelques minutes avec une petite quantité de graisse de canard et rincez avec un jus de citron dilué dans de l'eau claire et froide.

Les ongles

Lorsque les ongles sont cassants, badigeonnez les avec de l'eau oxygénée.

Pour fortifier les ongles, frottez les avec un demi-citron.

Les pieds

Lorsque les pieds sont lourds et gonflés, trempez les dans une eau tiède abondamment salée.

La transpiration

Après la toilette appliquez du talc dans le creux des aisselles et sur la plante des pieds.

Les yeux

Si les yeux sont souvent gonflés, appliquez le soir au coucher deux rondelles de pomme de terre crue quelques minutes.

Une infusion forte de camomille repose les yeux fatigués et irrités.

Entretien du linge

Les bas

Un peu de vinaigre dans l'eau de lavage empêche le roussissement et le ternissement des bas noirs.

Tâches de graisse

Frictionnez énergiquement la tache de graisse sur le tissus avec du pétrole et lavez avec du savon de Marseille.

Contre les mites

Faire une mixture avec de la naphtaline, du camphre et du thym en quantité égale. Cette composition sera imbibée par un chiffon suspendu dans les armoires.

Taches d'humidité

Mettez quelques gouttes d'ammoniaque dans l'eau de lavage.

Taches de transpirations

Faites tremper avant lavage le vêtement dans de l'eau vinaigrée.

Taches d'encre

Laissez tremper l'habit dans du lait une demi-journée.

Apéritif à la chicorée :

Prendre un litre de vin blanc doux. Mettre 4 cuillères à café de chicorée dans le vin ainsi que deux zestes de citron râpés et laisser macérer pendant 48 heures.

Filtrer et ajouter un verre d'eau-de-vie à 60°.

Mélanger et mettre en bouteille. Cette boisson est défatiguante et tonique.

nd-Mère

Taches d'herbe

Frottez la tache à sec avec du savon de Marseille, appliquez ensuite de l'alcool à brûler et rincez à l'eau froide avant le lavage habituel.

Taches de vin rouge

Recouvrir la tache avec du gros sel ou du sel fin. Laissez ainsi pendant 1 heure. Le vin blanc de mauvaise qualité peut être aussi une solution pour détacher.

Les draps

Frottez au savon de Marseille les draps de lin ou de chanvre lorsqu'ils sont jaunis, laissez séchez à l'air dehors sur le fil à linge à l'abris du soleil. Ensuite vous le rincez à l'eau claire.

Laine et coton

L'eau de cuisson des haricots blancs est un excellent détachant.

Le repassage

La pattemouille (mouchoir humide) est très utile contre les faux plis, très utile aussi pour éviter que le tissu ne lustre.

Fortifiant pour les approches de la cinquantaine

Faites macérer 2 grammes de safran dans un litre de bon vin blanc pendant pendant cinq jours et buvez un petit verre de cette liqueur avant le repas de midi.

On trouve sur ce même cahier toute une liste d'aromates qui, savamment dosés, donnent ce petit plus indéfinissable à une bonne cuisine. Comme une sorte de signature !

L'anis, pour les tisanes et la cuisson des marrons, poissons et sauces.

L'estragon, surtout utilisé dans la salade, mais aussi dans les potages et dans les sauces.

La cannelle que vous utiliserez pour les gâteaux, le pain perdu, les crèmes au chocolat et le vin chaud. Anti-bactérienne Anti-virale.

Le thym fait partie du bouquet garni, se combine heureusement avec les soupes et les sauces. Trésor de bienfaits.

Le céleri fondu dans certaines sauces.

Le cerfeuil, indispensable pour la tête de veau, les potages. Laxatif, antiseptique.

Le fenouil, excellent pour la cuisson des châtaignes pelées et dans les hachis. Poissons (cuisson).

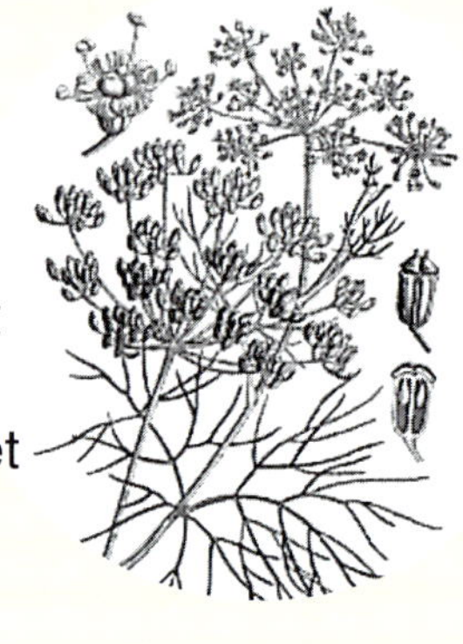

Le romarin employé pour les sauces. Tonique cérébral.

Les clous de girofle,
inséparables des pots-au-feu,
des ragoûts.

Le laurier qui fait partie
du bouquet garni.
Sauces
et cuisson
des légumes.

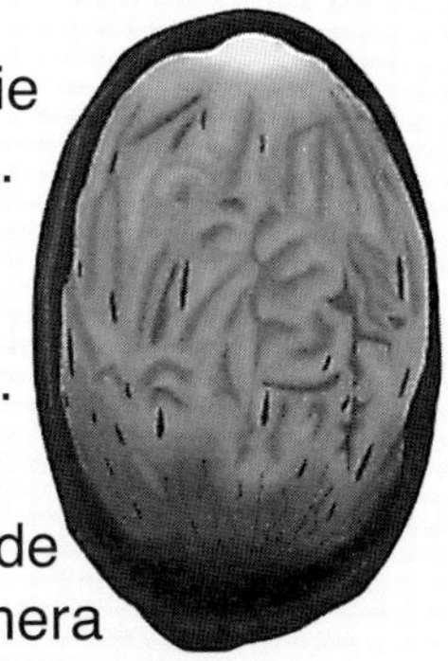

La muscade
qui parfumera
très agréablement
les sauces, la viande de
veau et les pommes de terre.

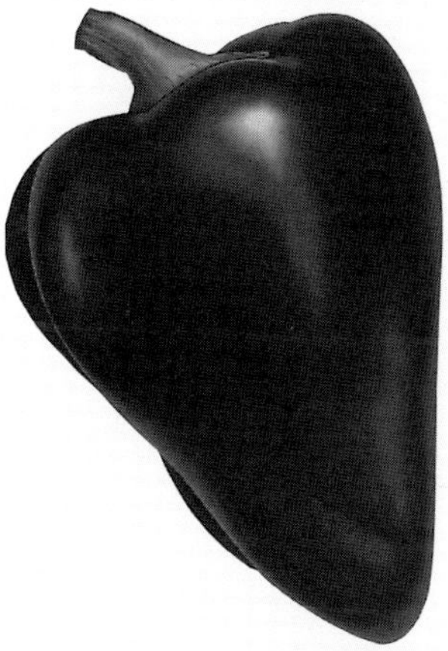

Le paprika est recommandé
pour l'assaisonnement
du riz, des pâtes.

La vanille,en dehors de la
pâtisserie et des crèmes,
s'utilise dans les marrons.
Digestive et antiseptique.

Le piment est toujours
utile dans les ragoûts,
les sauces, le homard.

Le safran pour vos
cuissons de poisson
et pour agrémenter
le goût et colorer le riz.

Toutes les herbes peuvent se
conserver sèches et pulvérisées
dans l'armoire aux aromates.

Le persil fait partie du bouquet
garni. Excellent avec les fritures.
Le persil plat s'utilise cru.
Il contient de la vitamine C.

La Table des Recettes

LE BŒUF

LES CHAMPIGNONS

LES DESSERTS

LES ESCARGOTS

G

LE GIBIER

M

LE MOUTON ET L'AGNEAU

L

LES LÉGUMES

O

LES ŒUFS

La Table des Recettes

LE POISSON

LE PORC

LES SAUCES et AMUSES-GUEULES

LES SOUPES

LE VEAU

LA VOLAILLE

REPUBLIQUE FRANÇAISE
10c
MAINE ET LOIRE
TAURANT
ROUSSOT
60
APPARTEMENTS
MEUBLES
AVEC ECURIE
A LOUER

SOURCES ET REMERCIEMENTS

Les grandes heures de l'Anjou. Jacques Levron. Editions Perrin
Cuisines des pays de France. JL André. Editions du Chêne
La France des fromages AOC Gilles Lansard, éditions Edisud.
Archives du Val de Loire. Editions Michèle Trinckvel
Soupes et potages de Christiane Schapira Editions Solar

Les Almanachs du terroir, région Anjou, éditions CPE années 2000 à 2005

Dans la même collection :

Recettes Ardennaises de nos Grands-Mères
Recettes Auvergnates de nos Grands-Mères
Recettes Aveyronnaises de nos Grands-Mères
Recettes Beauceronnes de nos Grands-Mères
Recettes Basques de nos Grands-Mères
Recettes Berrichonnes de nos Grands-Mères
Recettes Bordelaises de nos Grands-Mères
Recettes Bourguignonnes de nos Grands-Mères
Recettes Bretonnes de nos Grands-Mères
Recettes Cévennoles et Languedociennes de nos Grands-Mères
Recettes Charentaises de nos Grands-Mères
Recettes Franc-Comtoises de nos Grands-Mères
Recettes Gersoises de nos Grands-Mères
Recettes Landaises de nos Grands-Mères
Recettes Limousines de nos Grands-Mères
Recettes Lyonnaises de nos Grands-Mères
Recettes du Nord de nos Grands-Mères
Recettes Normandes de nos Grands-Mères
Recettes Périgordines de nos Grands-Mères
Recettes Picardes de nos Grands-Mères
Recettes Poitevines de nos Grands-Mères
Recettes Provençales de nos Grands-Mères
Recettes du Quercy de nos Grands-Mères
Recettes Savoyardes de nos Grands-Mères
Recettes Solognotes de nos Grands-Mères
Recettes Toulousaines de nos Grands-Mères
Recettes Tourangelles de nos Grands-Mères
Recettes Vendéennes de nos Grands-Mères

Prochainement :
Recettes Angevines de nos Grands-Mères
Recettes Toulousaines de nos Grands-Mères
Recettes Lorraine de nos Grands-Mères
Recettes Alsaciennes de nos Grands-Mères
Recettes Ardéchoises de nos Grands-Mères
(Autres Terroirs à paraître : renseignez-vous à CPE - BP 57 - 41202 Romorantin-Lantenay ou sur Internet : www.cpe-editions.com)

Dans la collection "je vous aime" :

Les Culs Noirs, une saga limousine
de René MAURY et Jean-Pierre GOURVEST

Le Monde des Abeilles - De Pierre MARECHAL

Gourmandise Solognote : LA TARTE TATIN - De Gérard BARDON

Les Confitures de ma Grand-Mère - D'Eugénie LAVAUD

Croquer la Pomme en Champagne-Ardennes - De Lise BÉSÈME-PIA

LES RECETTES ANGEVINES DE NOS GRANDS-MÈRES
Jean-Pierre GOURVEST

Directeur de Collection : Jacques HEL

Rédacteur en Chef : Gérard BARDON - Directeur Technique : Alain OSSANT - Maquette : Katia FOLTIER

Édition, réalisation : COMMUNICATION-PRESSE-ÉDITION
RCS B 398-382-416
BP 57 - 5, Allée de la Tuilerie - 41202 Romorantin Cedex
Téléphone : 02.54.83.41.41 - Fax : 02.54.76.77.98
e-mail : almanachs@cpe-editions.com - Site internet : cpe-editions.com

Imprimé en France - JUILLET 2006
ISBN : 2-84503-427-X EAN : 9782845034273
Dépôt légal à parution